スタッフ採用・定着、
利用者増が実現する!

福祉事業を安定に導く

利用者と人材の集め方

株式会社インクルージョン
代表取締役

藤田直

はじめに～福祉事業、安定経営への道のり

「福祉事業は儲からない」というのは先入観にすぎない

「福祉」という言葉は、必要とする人以外にとっては縁遠いと思う時があります。自分の親が高齢になり、介護を受けなければいけなくなった、兄弟や友達が事故で全身麻痺になった。重いストレスやいじめを受け続けた結果、うつ病になってしまった。あるいは自分自身が高齢や障がいによって福祉に頼らざるを得なくなった……。

福祉に限らないことですが、自分や周辺の人たちに必要が生じない限り、関心が向きにくい世界のような気がします。

一方で福祉を利用する側ではなく、提供者として「仕事にする」ということになると、悪い印象が目立ちます。たとえば「汚くてきつく危険を伴うのに低賃金（いわゆる3K）」、「事業者は儲からない」……。

私はごく一般的な家庭で生まれ育ちました。父親はサラリーマンで母親はパート勤め。福祉サービスを必要とする環境で生活していたわけではありません。障がいのある兄弟や

友達もいませんでした。今になって「彼は発達障がいだったのかもしれない」「うつ病だったのかもしれない」と思い当たる友達はいるものの、当時は気にすることなく過ごしていました。

その私が、さまざまな体験やきっかけを通じて福祉の世界で生きていくことを決め、約二十年が経ちます。そのうち約十年を高齢介護の専門職として過ごし、約十年を福祉事業経営者として歩み、現在に至ります。前述した世間に印象付いている「汚くて、きつくて、危険を伴うのに、低賃金」、「サービス提供者や運営者は儲からない」という世界の中で一人の従事者、経営者として歩んでいる私の眼から見ると、そうした世間の印象は当たっているとは思えません。

なぜなら福祉の仕事は「心が満たせ、感謝され、感動を生み出せる、かっこいい、クリエイティブな仕事（5K）」だからです。そして「サービス提供者や運営者は儲からない」ということも「間違いです」と明言できます。

安定経営は必ず可能

二〇一三年五月に、私は株式会社インクルージョンを創立しました。それから現在に至るまで就労継続支援A型、B型、児童発達支援、放課後等デイサービス、訪問介護、居宅介護支援事業所、企業主導型保育、障がい者グループホーム検索サイト「グルホネット」の運営のほか、福祉事業の開業・運営コンサルティング業務、起業を志す方向けの経営塾「恒星」を開催しています。またグループ法人にて、共同生活援助（障がい者グループホーム）、認可保育、重症心身障がい児や医療ケアが必要な子ども向けの児童発達支援、放課後等デイサービスを展開しています。

起業する際に豊富な資金や資産があったわけではありません。必死にかき集めた自己資金百万円からスタートし、これらの事業を展開しました。

これまで幾多の失敗や挫折を経験しました。ですが、福祉事業を経営すること自体にはさほど苦労はしませんでした。利用者様本位であることを使命にするのは当然ですが、やるべきことをやっていれば、福祉事業でも会社を潤す運営ができたからです。

ところが業界を見渡すと、事業経営に苦しまれている経営者が多いように感じます。同業者からそういった話を聞くことも多く、コンサルティング業務を通じてご相談がたくさん持ち込まれることから、いかに経営が上手くいっていない事業者が多いのかを理解しています。

福祉業界、とりわけ障がい福祉業界は小規模の事業者の割合が多いのが現状です。そのほとんどが、利用者様のことを何よりも第一に考える人によって支えられています。「前に属していた事業所が利用者様に提供しているケアの質が低い」「利用者様をより手厚く支援したい」という想いから独立される方も多いのです。

こういった皆さんはケアのプロフェッショナルです。利用者様にとってどういうケアが必要なのか真摯に考え、それを実行できる知識や技術の高いスキルが備わっています。

では経営者としてのスキルはどうでしょうか。そのスキルが低い、あるいは経営することを重視していないところに経営が上手くいかない理由、問題点があるのではないでしょうか。当然、福祉事業に就く経営者としては、初めてのことということもあり、私自身もそうでした。

しかし、経営を安定に導く「やり方」は存在します。そしてやり方は「あり方」が根底で支えています。これまで私が事業を運営し拡大してきた「やり方」をなぞりながら、なぜそのやり方であったのかというスタンスや考え方、つまり「あり方」と共にお伝えしていくことが本書の目的です。

福祉事業で利益を出すのはタブーか？

福祉業界の内外を見渡すと「福祉で稼ぐとは何事か」というネガティブなイメージが根深く残っています。「ビジネス」とか「儲かる」という言葉への反発も非常に強いと感じます。福祉は税金で運営されているという事情もありますし、儲けることは「社会的に困難な立場にある人を食い物にする」という印象が強いのでしょう。実際近年でも提供すべきサービスを必要以上に切り詰めたり、サービスを提供せず請求をするといったことや、利用者様への虐待など、不正の報道が数多くあります。

私が主張したいのは不正や虐待とは別次元のことです。そして「福祉事業で儲けるのはもってのほか」という意見に対して、利益を出さずにどうやって事業を運営するのですかと反対に聞きたいのです。もし福祉業界が儲けてはいけないのなら、問題になっている低賃金は解消されますか？　従業員は経済的にご家族を支えられますか？　どうやって設備などの環境整備に投資していきますか？　それらの質問に答えることはできるでしょうか。

どんな事業でも、サービスや商品を提供し、お客様に喜んでいただくことが原点です。だからこそ売上が上がります。そして持続可能な経営をするためには利益が必要なのです。

福祉事業も同様です。そして利益を出すのは、もちろん経営者の私腹を肥やすのが目的ではありません。肝心なことは利益を利用者様や従業員、そして社会に還元することです。「福祉事業でも健全な運営のためには儲けることが必要だ」と、自身のセミナーや講演で伝えると白い目で見られることもあります。しかし従業員や利用者様の待遇を向上させるためには、利益を生まなければいけないというのが私の考えです。その理由は本書を読み進めるにつれてご理解いただけるはずです。

本書は五つの章で構成しています。第1章は私の幼少期からの体験や想いから、福祉の道を志すようになったいきさつについて紹介しています。

第2章は特別養護老人ホームの職員として福祉の世界に第一歩を踏み入れ、どのように仕事をし、何を思ってきたか、そして起業に至るまでについて紹介しています。

第3章では起業してからどのように事業を拡大していったのか、一つ一つの事業を立ち上げるに至った理由や、どのように稼働率を上げていったのかについて、実例を交えて解説しています。

第4章では事業所を運営されている多くの皆さんが悩むであろう人材の採用・獲得、そして獲得した人材を定着させるために、弊社ではどのように考え、そして何を行っているかについて紹介しています。

そして最後の第5章では弊社や私の直近の取り組み、そして業界の行く末や将来の構想などについて思いのたけを綴ってみました。

ひと口に「福祉」といってもジャンルの幅が大変広く、各ジャンルにおける制度の違い、提供されているサービスも異なります。本書では主に高齢者、障がい児・者、児童福祉業界に関連する内容になっていますが、それらのほかにも生活困窮者、子どものための自立支援、DV被害者救済などなど多岐にわたります。

しかし福祉という言葉で括られる事業には共通点があります。ケアの対象者は、困り事を抱えた方や社会的に弱い立場になりがちな方です。こういう人たちを、国の制度やお金を活用し支援するという点で、すべてのジャンルは共通しています。

それぞれの福祉事業において、熱い気持ちで利用者様と向き合っているにもかかわらず、事業経営に苦労されている経営者の皆様を目の当たりにしています。そうした皆様にとって本書が一助になれば、この上ない喜びを禁じえません。またどの分野に就職しようか迷っている学生さん、福祉業界への転職、そして起業を考えている方にも、本書が何かのヒントや挑戦のきっかけになれば大変嬉しいです。

二〇二四年一〇月

株式会社インクルージョン　代表取締役　藤田　直

『福祉事業を安定に導く利用者と人材の集め方』目次

第2章 特別養護老人ホーム勤務で学んだこと

第3章 福祉事業拡大の「やり方」と「あり方」

第4章 福祉事業における人材との向き合い方

第5章 福祉に眠る巨大な可能性 ～その広がりのために

第1章　福祉の世界への入り口

価値観の礎は「いじめ」から

理不尽が許せなかった子ども

　幼少期の私は身体が弱く病気がちで、風邪などでしょっちゅう熱を出しては寝込んでいました。患っていた小児喘息が落ち着いたのも、小学生の高学年になってからでした。それでいて感受性が強く、特に誰かが落ち込んだり悲しんだりすることに強く共感したり、困っている人を放っておけない性格でした。人の心の機微がなぜかわかり、その痛みも痛いほど伝わってくるのです。

　私が生まれたのは大阪ですが、父親の転勤の都合で、育ったのは兵庫県姫路市でした。小学生当時は、乱暴ないわゆる「やんちゃな子」が多かった気がします。その一方で言いたいことも言えず暴力にも耐えながら、小さくなって過ごさざるを得ない子たちがいました。つまり力の強いいじめっ子と、力の弱いいじめられっ子が存在していました。私はそのような理不尽を残念に思い、怒りを感じていました。

小学生低学年のある日父親に、そのうっ憤を伝えました。すると父親は「ほな、どうしたら良いと思う?」と問うてきます。確かに、どのように状況が変われば、自分は満足できるのだろう。力に物を言わせて人を服従させる連中を、それ以上の力で服従させれば満足なのか。いや、そんなのとは全然違う。もっと違う形で解決したいという漠然とした気持ちはありました。しかし、その「違う形」というのが、どういう形なのかまでは考えが至らず、答えることができません。すると父親は「どうしたら良いのかわかるまで考えなさい」と言います。

父親は正義感の強い人で、時折鋭いことを言います。このように「どうしたら良いと思う?」と問いかけることで、ただ単に不満を言うだけでなく、問題点を冷静に整理し、その解決のために私がどうあるべきか、何をすべきか、自分で考えるように仕向けていたのかもしれません。そのおかげで思考のクセがついたように思います。

父親からの問いかけの意味

今も同じかと思いますが、いじめの問題はどこにでも転がっていました。小学校五年生で転校した学校で、私は早々にいじめっ子のリーダー格と対峙することになります。

彼は人が歩いているところを、いきなり後ろから飛び蹴りするようないじめっ子でした。そのような彼を諭すではないですが、私はストレートに「なんでそんなことすんの？」と尋ねました。すると彼は「おまえ、なんやねん」とムキになり、私に矛先が向かうことになったのです。

私は多少の暴力に晒される覚悟を持って、自分の考えを伝え続けました。「オレは力じゃオマエに負けるけど、オマエも大人には負ける。力のある大人同士の一対一のケンカも、集団化したり武器を使ったりされると負ける。力が強い・弱いことの決着をつける究極の手段は、結局戦争や。オレは力の強いことだけがほんまに強いこととは思わん。だからオマエが力に物を言わすことはダサいことでしかないねん」。

日々何度も食らい付く私に、彼は「なんや、こいつ」と驚いたようです。そんな問いかけを繰り返すうち少しずつ私を慕ってくれるようになり、最終的には仲の良い友人になることができたのです。同時に私も「どうすんねん？」と父親に問われて答えられなかったこと、理不尽にふるまう連中と、どういう関係になれば満足できるかということが、やっと見えてきたのです。

お互いにわかり合いたかったのです。

諦めずに何度でも真正面から向かい合い、胸襟を開いて本音をぶつけ合えば誰とでもわかり合える。必ずしもそうした結末を迎えられないかもしれないけれど、それでいい。それが父親の伝えたかったことなのでしょう。

いじめっ子とのやり取りでの収穫は、人とのスタンスを自分の中に定着させることができたことです。力で他者を抑え込もうとする人を仮に力で抑え込み、優位な立場に立ったとしても、本当に得たい日常は訪れません。

そうではなく、みんなが互いに相手を尊重し、面白おかしく笑って過ごせるほうが遥かに楽しいですし、みんな幸せになれます。いじめに立ち向かう中で父親がくれた「どうすんねん？」という問いかけが、自分にとって望みが何であるかを気づかせてくれたわけです。

世界が広がったいじめっ子との出会い

一方でいじめっ子が仲間になっていくごとに、さらに別の世界が垣間見えてきました。せっかく仲良くなった彼です。もっと明るくて面白い世界を共有したい。そんな想いを抱きつつ、私は積極的に彼と関わっていきました。そうして互いの家を行き来するようになるうち、彼が父親から必要以上に厳しい躾を受けていることを知ります。なぜ彼が他人に暴力を振るうようになったのか。当時は知識もない小学生でしたが、その原因の一端を垣間見たような感覚を抱きました。

付き合っていくうち、彼にたくさんの魅力が備わっていることを知り始めた時期だっただけに、もしそのような家庭環境でなければ全然異なるキャラクターだったのではないか、環境によって人はいかようにもなっていく。だったら仲間同士で笑い合えるような楽しいことをやっていきたい。いじめと闘い仲間が増えていくうち、漠然ながらも己のスタンス、ポリシーのようなものが根付き始めたのが、この小学生の時期だったのかと振り返ります。ちなみに、その彼は、現在は幹部の一人として弊社を支えてくれています。

仲間同士で助け合って、みんなで笑える。そのスタンスで他人と接することで仲間にも恵まれて、小・中学校は楽しい日々を過ごしました。元来私は相当な要らぬお節介焼きだと我ながら思います。楽しいことはみんなで共有したいという気持ちも、角度を変えると一つのお節介かもしれません。

多くの仲間に恵まれた学生時代

ヒーロー願望を自覚

私は音楽が好きで、中学生になってからはバンドをやるようになりました。夢は高校の文化祭でライブをやることでした。

ところが進学した高校の担任が「無理やで。うちの学校はライブ禁止やねん」と言うではないですか。「なんかチャラチャラしてるし、風紀乱す感じやから」という時代錯誤も甚だしい理由からです。

「なんでやねん！」と目が点になりつつ、規則を変えてもらう方法はないものか担任に聞いてみると「まず生徒会で『文化祭のライブは生徒みんなの総意』のような意見を集約して、校長に持って行くしかない」などと言います。一生徒の意見では不可能に近いけれど、生徒の総意なら可能性はあるということです。

だったら生徒会長になるしかない。私は無謀にも生徒会長に立候補することにしました。その時は他にも立候補者がいて、私が当選するのは困難に思えました。そこで文化祭でやりたいこと、やれればどれだけ良いことが起こるかなどを学年問わず多くの生徒に周知し、友達にも熱く語り協力を得ながら選挙運動を進めていきました。結果当選を勝ち取り、その年からバンド演奏ができるようになりました。

選挙運動は骨が折れましたが、文化祭でライブをやることに賛同してくれることは確信していました。当時バンドブームであったこともさることながら、そもそも担任に言われたライブができない理由など実に理不尽といってもいいでしょう。それ以降、文化祭でライブが行われ続けていることは、私の在学時代から現在に至るまでライブをやりたい、聴きたいと思う多くの生徒がいることの裏付けだと思います。

ちなみにこの文化祭では、みんなが持つ望みを集約して行動すれば、ルールを変えることは決して不可能ではないこと、そして根拠もあやふやで理不尽な規則を壊して創ってしまうことの醍醐味を同時に垣間見た思いがしています。

困っている人がいると相談に乗り、輪に入れない人がいたら仲間になり、みんなで楽しむためなら無謀なことにも挑む。そんなことを繰り返しながら喜びを感じるようになっていました。ひと言でいうと、私は幼少期テレビの画面越しに憧れた「ヒーローになりたい」という気持ちが強いのだと自覚していくようになります。ただ私のヒーロー願望は功名心からというよりも、悲しみを抱く人に寄り添い、みんなで笑って腹の底から日常を楽しみたい、みんなで満足感を得られるようなことをしたい、そのためならためらうことなく手を差し伸べ、誰かに頼らず自らが率先して動く、という想いが根底にありました。

病的に強かった感受性

誰かに相談事を持ち込まれても、いっしょに楽しいことをしようというときでも、心底本気でそれに応えないと気が済みませんでした。そういう私の周囲には、男女問わずいつの間にかたくさんの人が集まってくれるようになりました。

ここまで読んでいただいた人は、きっと「これはなんの自慢なのか」などと思われるでしょう。今、自己分析するとそうなった要因のようなものが、おぼろげながら見え隠れするようになりました。

幼少期や小学校低学年の頃は虫を面白そうに殺す子どもがいます。私はそういう場面に出会うとショックの受け方が半端ではありませんでした。虫にも家族や仲間がいて、一所懸命生きている。たまたま人間に出くわしたから驚いて、攻撃してしまったから殺されてしまう。そういうことが不憫なあまり、眠れなかったり泣いてしまうような子どもでした。

最近、教材から削除するか否かで議論になったマンガ『はだしのゲン』をご存じでしょうか？　広島で被爆した経験を持つ作者が描いた作品で、真実をベースに描かれているだけに生々しく強烈な描写の作品です。私は小学生の頃にこのマンガに出会ったのですが、被爆した人たちとまったく同じ痛みや苦しみを味わっている感覚に陥ってしまい、その後何年間にもわたってその感覚がフラッシュバックし、被爆の苦しみを味わっている夢を何度も見てしまうありさまでした。ただ、この本の出会いによって戦争や平和について真剣に調べ、学ぶきっかけにもなりました。

こういった感覚が今でいうところのHSP（Highly Sensitive Person＝ハイリー・センシティブ・パーソンの略。直訳すると「非常に感受性が強く敏感な気質を持った人」）なのかはわかりません。しかし相手の悩みや喜ぶこと、微細な心の動きや変化を感じ取るのが得意、というよりも、手に取るようにわかり過ぎてしまうため、居ても立っても居られなくなってしまうというほうが正確かもしれません。だから相手にとっての心地よさ、相手の主訴はどこなのかという感情の部分、そういったことを十分気を付けながら人と付き合ってきたという側面も、やっぱりあったのかと思います。

なお、女の子ともすぐに仲良くなれたのは家庭環境もあったと思います。私が小学校低学年だった頃から両親が共働きで、二人の妹の面倒を見ることも多く、幼少期の近所の友達も全員女の子でした。幼い頃から女の子と遊ぶことに抵抗も違和感もなく、そのことが影響しているのでしょう。むしろ幼少期は周囲は女の子ばかりなのに、自分だけ男であることに劣等感を抱き、母親にせがんでかわいいワンピースを買ってもらい、いざ着てみると大きな違和感を抱き、「やっぱり男でいいや」と思ったのも懐かしい思い出です。

一方で、父親や友達、当時流行っていた大好きなマンガや戦隊ヒーローからも影響を受けてきて、男女どちらの気持ちもわかるような土壌があったような気がします。

調子に乗った男の末路

そんな要因や背景によって、いわゆる人気者になっていった私ですが、そのおかげで、端的に言えば「調子に乗っている男」になっていきます。

勉強はやれば意外とできましたが、学力を維持する努力が続かない。だから偏差値がどんどん落ちていきました。それでも人が集まり楽しく過ごしていると、何も怖いものはありません。高校時代も終わりに近づき、第一志望ではなかった大学に入学します（出身校様、すみません）。正確には当時その大学しか進める道がなかったのです。

もちろんそれでも「調子に乗っている男」に怖いものはありません。ろくに勉強もせず、ひたすら遊び倒します。

大学時代は、アルバイトで稼いだお金を握りしめ、パチンコとスロットに明け暮れました。勝ち負けの波はありましたが、当時のパチンコ業界のブームも手伝って月の稼ぎが百万円オーバーなどということもあったのです。

なお、当時から学生起業家は存在していました。しかし当時の私といえば、ただ毎日を面白おかしく過ごすような学生でした。大金を稼いでも、使い道は相場が決まってきます。似合いもしない高価なブランド物を買ってみたり、夜な夜などんちゃん騒ぎをしたり。無理がたたって、ついには身体を壊すという既定路線に収まりました。

さすがに過労（遊び過ぎ）で点滴を打たれながら頭をよぎったのは「オレは何してんねんやろう」という想いでした。ギャンブルで勝ったお金で無駄な贅沢をして、浪費して、あげく身体を壊す……こんなこと、どれだけやってもキリがない。自分の望みってこういうことなんだろうか？「幸せ」は、実はどういうことなのだろう？きっと幸せの量というのは自分で設計するものであり、お金があるから豊かになれるわけじゃない。入院した病院で点滴を打たれ、管の中を落ちる薬剤を見ながら、そんなことを考え続けました。

本当はしんどかった、けれども勇気を振り絞っていじめに立ち向かったり、みんなで楽しめることのために奔走したり……それまで自分なりに意地を張って闘ってきたことは誇りに思っていました。しかし、当時その自信が過剰になった結果の入院だったのでしょう。退院したら生活を改めて自分を見つめ直そう。自堕落から脱却するために、新しいステージで一から頑張ろう。私の目標は決まりました。

社会人経験と友人の死

飛び込み営業の経験で学んだこと

大学の卒業を控え、いざ就職しようと思っても、毎日ギャンブルと酒場放浪に明け暮れ資格もないような人間に立派な就職先などあろうはずもありません。ましてや当時は超就職氷河期真っ只中でした。散々探し、ようやく見つかったのはビジネス用電話リースの会社の飛び込み営業の仕事でした。

右も左もわからない新卒の若造が大阪の本町などのオフィス街の企業に、アポなしで飛び込んでは「電話借りてくれませんか」とセールスする日々が始まりました。しかし渡されたトークスクリプトの通り営業しても、さっぱり成果が出ません。懸命に飛び込んでいってもけんもほろろに追い返される、あるいは徹底無視を決め込まれるだけ。そんな営業は実に厳しいものでしたし、とても無駄が多い営業方法であることも痛感します。せめて、もっと無駄を少なくして結果を出せる効率的なやり方で営業したい。たまらず支店長に提案してみました。

ターゲットをリスト化してアポイントを入れ、見込みを立てた上でクロージングさせてもらったほうが効率的じゃないでしょうか。結果の出ない飛び込み営業を続けても成果は出ないし精神が消耗するだけです。そう支店長にぶつけてみたのですが、「あのな。このやり方は今までうちの社員がずっとやってきたんや。見てみぃ。先輩らは全部このやり方でやってるやろ」と言われ、「君みたいなペーペーが口出すな」という態度丸出しで相手にされません。

今になって振り返ると、確かに大した過程も経ず、結果も出してない若造の意見など聞く気がなかったのだろうと思います。しかしこの効率の悪さは会社として非常にまずいのではないかと考えた上での意見でした。高校時代はルールを変えて文化祭でライブができるようになったのですが、会社のルールを変えるのは簡単なことではありませんでした。

結果が出せないことは悔しかったので、営業関連のビジネス書などを読み漁り勉強しました。当時はまだネットの情報も脆弱で、書店に通って勉強するのが自分にとって唯一の学習方法でした。

さまざまな書籍に紹介されている事例を参考に、いろいろと試し打ちしてみると、少しずつですが成果が出るようにはなりました。それによって、頑張ればできる仕事であることも感じましたが、このやり方では一生成果を出し続けることは困難だろうし、どのみち一生やる気もありませんでした。ならば早いうちに辞めて別の道を探したほうがいいと判断し、数カ月で辞めることにしたのです。あれこれ考えている風の離職ではありましたが、何の根拠もなく、目の前から逃げたいだけの辞め方でした。

起業を見越してアミューズメント業界へ

次に目指したのはパチンコ店です。といっても店の従業員ではありません。パチンコやスロットが得意だったので、パチンコ店の経営者を目指そうと考えたのです。

パチンコというのは店と客の駆け引きが行われる世界です。台や釘の設定、店舗の設計の工夫で客と駆け引きしていくわけです。客は勝てなければ来ないので、店はその心理を読みながら「勝てる台があります」ということをアピールしつつ、玉の出ない台もしっかり置いたり、その駆け引きがとても面白かったので、自分が経営してエキサイティングなパチンコ店を作り、今度は仕掛ける側で儲けたいなどと考えたのです。

とはいえ資金もノウハウもない者が、いきなり経営することなどできません。そこで二つのパターンの道筋を考えました。一つは、パチンコ店に就職してノウハウを学び、そこから起業していく方法、もう一つは同じくパチンコ店に就職し、最短ルートで役員や社長に到達して自分が経営していく。安易な思いつきでしたが、第二新卒のスタッフとして某アミューズメント企業に就職することができました。

就職したパチンコ店では、計画通り最短ルートで偉いさんになってやろうと思っていました。そのためには、とにかく誰よりも頑張って認めてもらおう。そう思ってガムシャラに働きました。パチンコ店では新台入れ替えなどの作業を深夜までやることがあるのですが、平然とこなしました。先輩のお誘いに付き合い飲みに行ったり、プライベートの相談に乗ったり。朝は率先してみんなより早く来て掃除したりなど、自分ができる目の前の仕事を地道に続けます。そのうち、先輩や役職者が評価してくれるようになりました。当時は大卒の店員が少なかったので、より重宝されたのかもしれません。

「社会に貢献する」のが俺の仕事

そして当初の計画通り、パチンコ店のノウハウを学びながら仕事をするうち、あることに気が付きます。私が勤務していたパチンコ店は大阪では数十件ある中堅の店舗で、役員や社長になるまでには最短で見積もっても二、三十年はかかるのです。上には上の存在が多くい過ぎました。

また資金を貯めてパチンコ店を始めるには億単位のお金がかかることもわかりました。融資のガイドラインを調べると、素人が起業しても貸してくれるのは、せいぜい一千万円前後。パチンコ店は起業もハードルが高過ぎることを痛感します。今さらながら気づいた、安直の極みでした。

夢は八方塞がりとなりました。それでもパチンコ店の仕事を通じて学んだことは多々あると思っています。早く出世しようとしたぶん、今思えば時間なんて関係ないブラックな働き方もいとわなかったのですが、その頑張りを認めてくれる人がいたし、他の従業員に困り事ができても積極的にフォローすることを続けていたことも評価され、結果として早く認めてもらえました。サラリーマンという生活をトータルで考えると、そういう働き方は一見しんどそうに思えますが広い視野で見ると楽なことがわかり、他のスタッフも同じようにやればいいのに、ぐらいに考えていたものです。

それでも最終的に退職を選んだのは、結局この仕事では人の役に立つのが難しいと判断したからです。

当時のパチンコ店は勝つにせよ負けるにせよ、大きな金額が動く台が主流でした。店側から見ると、もちろん景気よく玉を出す台が多いほど集客にはつながりますが、玉を出してばかりだと経営は成り立ちません。だから先ほど説明したように、出ない台も用意するし、客側もそれを読んで駆け引きするわけです。

中には生活を懸ける人もやってきます。私自身も少し前までは同じ立場だったので、そういう人たちの切羽詰まった気持ちが痛いほどよくわかります。負けた腹いせに灰皿の吸い殻をわざと床にぶちまけたり「今日負けたら首つらなアカンわ」と凄まれることも珍しいことではありませんでした。

客としてではなく運営する側として、そうした現実を見るにつけ、自分自身が疲弊していくのを自覚するようになっていきます。

起業を明確に意識する

仕事をしながらまた書店に通う日々が始まりました。いい仕事、職種はないかと探したのは前と同じでしたが、今度こそは起業しようという目標が、より明確になっていました。

前の営業の会社だけではなく、パチンコ店でもやはり理不尽なことはありました。「先輩の言うことは絶対」とか、サボることや取り繕うのが上手い人が出世して、正直にやっている人がなかなか評価されないことを、目の当たりにしてきたものです。

もちろん起業するには修行しなくてはいけませんが、次にどの業界を選択するにせよ、雇用されたら起業を前提にしっかり学び、そこから起業に挑戦するという想いはパチンコ業界に入る時に比べより鮮明でした。

前述した高校時代の文化祭ではないけれど、理不尽なルールであれば守るものではなく創るもの、という考え方も、より強くなっていました。もし起業したら、たとえ小さな組織だったとしても社長になればローカルルールは作れるはず。調子のいい人だけではなく、ひたむきに頑張る人が評価されるような組織を創りたい。一丁前にそのようなことを目標に定めたちょうどその時に、ショッキングな出来事が起きます。

友人の自殺に意味があるとしたら

小学生の当時、前述したケースとは別で、いじめられていた友達がいました。母子家庭で育った彼は着る物はいつも一緒。貧困家庭の子でした。しかし私は彼が好きで、よく遊んでいました。

私は彼の尊厳を守るためにいじめっ子と対峙し、続いていたいじめを止めさせることができたのですが、そのことで彼は私を信頼してくれるようになったようです。私が進学した高校に、一浪してまでも入ってきたほどでした。

しかし、その彼が突然自殺してしまったのです。高校卒業後は年に一回か二回ぐらい連絡を取り合っていた程度でしたが、私がパチンコ店で働いている時期には電話が多くかかってきていました。当時、私は忙しさのピークだったため、電話に出られなかったり、出たときには数分話す程度で「今コンビニでバイトしてるけど、人間関係しんどくて」「実はちょっと調子が悪くて」といった話になっていくことばかりでした。

そんな電話でのやり取りでは気が付かなかったのですが、彼は重いうつ病だったのです。音信不通が続いた後、彼の家に電話をかけるとお兄さんが出て「いろいろお世話になりました。実は自殺したんですよ」と言われ、絶句するしかありませんでした。

私がパチンコの仕事で忙しさがピークの時に、彼はうつ病のピークだったようです。彼は私を頼りＳＯＳを出していたはずなのに気づけなかった。私はほとほと自分に嫌気が差しました。「今まで何をしてたんや俺は。大切な友達にすら手を差し伸べられないような、しょうもない奴や」と、自己嫌悪のどん底まで落ちました。

この時はまだ福祉の道を志す手前にいました。でも彼みたいな人を、もう生み出したくないと心底思いました。彼を亡くしたことに何かの意味を持たせるとしたら、決して彼みたいな人を出さないことだと思ったのです。

福祉との出会い

人を支えることで成り立つ職業を知る

パチンコ店の仕事を辞めると決めたのも、結局仕事は人のためになってこそであり、人を心から応援できるような仕事がしたいと思い続けていたからでした。ダイレクトに「ありがとう」がもらえて、しかも社会に役立って、なおかつ自分のスキルが生かせるような仕事がしたい。そう考え始めると、書店で自ずと福祉関連の本の売り場に誘導されていくようになりました。

これまで周囲にたくさんの人が集ってくれたのは、きっと相手の気持ちや立場に立てたからではないのか。たぶん私はそれこそが最も得意だったからではないのかと、その時期になってようやく思い至るようになりました。そのことを他者との違いと捉え、何かに生かすことができないものだろうか。よく相談に乗ってほしいと頼まれることは、まさに福祉に生かすことができるのではないだろうか。そういう結論が出てきたわけです。

次の仕事を模索していたその時期は、ちょうど介護保険制度がスタートして間もない頃でした。「これからいよいよ高齢化社会が来る。日本社会はどう対応するのか」という不安、そして行政が担っていた福祉サービスが民間に開放されることで生まれる市場への期待、世間もその波に揺れていました。

私は期待感のほうが遥かに上回っていました。この業界だったら、自分を生かしてやっていけるのではないか、もしかしたら業界で活躍できるのではないかと確信めいた気持ちがムクムクと湧き上がったのです。

今思い返せば実に恥ずかしい若気の至り、勘違いも甚だしいのですが、おじいちゃん、おばあちゃんはもとより「人」が好きだし、誰かの役に立てる仕事であることは間違いないと確信していたので、福祉の世界に飛び込むためにはどうすればいいのかを徹底的に調べ始めました。

資格の取得に奔走する

福祉の世界では資格が重要です。さまざまな資格がありますが、数少ない国家資格もありました。その中に介護福祉士と社会福祉士があることを知ります。簡単にいうと介護福祉士は介助・介護の専門家、社会福祉士は相談の専門家です。私が自分で決めた得意分野は社会福祉士に該当するのか。人の相談に乗ってお金をもらえて、しかも社会の役に立てる。最高やないか！

社会福祉士の資格取得のためには新たに専門学校に行かなければなりません。迷うことなく、なけなしのお金をすべて吐き出し、専門学校に入学しました。

社会福祉士の受験資格に関しては四年制大学を修了している必要がありましたが、その条件はクリアしていました。それであれば専門学校は一年間で卒業できるけれど、そのためには毎日通学する必要がありましたが、まったく問題はなく、それどころか社会福祉士って意外に早くなれるものだと喜びました。

社会福祉士は国家資格で合格率は二〇～三〇％程度です。試験では心理学、社会学、援助技術など幅広い分野に関して出題されます。私は専門学校を無事一年で卒業し、最終的には社会福祉士の資格を取得することができました。

目標は特別養護老人ホームの相談員

しかし、新たな問題が判明しました。社会福祉士の資格があるからといって、依頼者の相談にすぐに乗れるわけではないことがわかったのです。

ひと口に相談業務といっても、福祉業界は高齢者、障がい者、児童、生活困窮者などサービスを受ける対象者の種別は広く、必要なサポート、提供するサービスも対象者によって異なります。支援を受ける人に応じて、サービス、国の制度、法律などが関連してくるため非常に複雑なシステムになっており、相談員はそれらの知識や情報をしっかり備えていなければなりません。

そして同じ相談員でも、たとえば高齢者介護の場合は生活相談員（ソーシャルワーカー）、障がい福祉の場合は生活支援員、相談支援専門員など専門分野が分かれています。それぞれ高度な専門知識が必要なだけに、相談員の仕事に就くのは非常に狭き門なのです。

実は社会福祉士という資格を取得しても、それだけだと就くことができる職種はとても限られています。社会福祉士の資格だけでは相談業務に就くのが非常に難しく、実務経験や実績が必要なケースが基本です。

私が就職先を探していた当時は介護保険制度がスタートして間もなくの頃で、民間施設が増えていた時期でした。相談員の需要が高かったのが特別養護老人ホーム（以下「特養」と表記）や通所介護（デイサービス）で、それならと、相談員を募集している法人の門を次々に叩いていきます。

それでも専門的な知識、実務経験がないと雇ってもらえる法人はなかなかありませんでした。そして実務経験がないと、いきなり相談員になるのは難しく、制度的な知識が必要なのはもちろん、利用者様のことも把握できるスキルがないと相談援助業務はできません。

やる気ひとつでつかんだ内定

何軒も門を叩き続け、社会福祉法人が運営する開設二年目の特養が面接してくれることになりました。施設長と相談員の二人に面接していただき「相談員として、どのようなことをやりたいのですか？」と質問されました。私はもちろん未経験者でしたが、「逆に何かやってほしいことはありませんか？」と前代未聞級の逆質問をしました。重ねて「今このホームに眠っている課題や問題はありませんか？」などと聞く始末です。

それでも施設長は丁寧に「日々の業務に追われるあまり、利用者様が楽しむレクリエーションができていないのです。暇を持て余している利用者様に、刺激になるようなイベントや行事を作ってほしいですね」と答えてくれました。私は「やります」と即答。「特にどのような行事が必要でしょうか？」と聞いてみると「地域交流です」と言います。地域の子どもたちと触れ合い、利用者様が喜ぶような行事です。私は根拠も、行事の企画の仕方さえもわからないまま「お任せください。やります」と、力強く回答しました。

そんな調子の私に、施設長は相談員の仕事について、滔々と説明します。「みんな相談員をやりたがるけど、言うたら花形みたいな仕事。そんなに簡単にはできません。利用者様はもちろん、切羽詰まったご家族の相談に乗ったり、中間管理職みたいに職員のシフトを調整するような管理業務も担います」。そして恐れていたことを口にしました。「介護の現場をわかっていないと到底無理なので、介護職から始める気はありませんか？」と。

今でこそ介護職の素晴らしさを理解していますが、当時は介護の仕事には抵抗がありました。人様の汚物に触れることが恐ろしく駄目なのでした。それは専門学校時代に取得したヘルパー2級（今の初任者研修）の実習を通じて体感していました。だがしかし！ここで根性を出さなければ道は絶たれます。ルール変えようと思ったら上長の靴舐めたる！高校時代の生徒会長立候補と某人気漫画のエピソードを思い出しつつ腹を据えました。そして相談員の仕事をやるためには介護の経験、現場を知る必要があるはずです。避けては通れません。

「相談員に移るには、どれくらいの期間、現場経験を積む必要がありますか？」と率直な気持ちをぶつけてみると「二、三年かなあ」と答える施設長。どこまでも前のめりな私は「半年でやらせてもらえる勢いで頑張ります」と鼻息荒く宣言をし、その日の面接は終了しました。

結果、無事内定をもらうことができました。後に聞いたのですが、施設長と後の上司となる相談員は「あいつはおもろいな」と好感触だった半面、保守的な役員さんたちは「あいつ、パンチ利き過ぎてて、採用するには微妙」という意見だったそうです。それでも施設長たちは推してくれて、結果として採用になったとのことでした。

おかげ様で、これでついに念願の福祉の道での第一歩を踏むことになったわけです。

第2章　特別養護老人ホーム勤務で学んだこと

相談員を目指す

資格が取れてない！

ついに念願の福祉の世界で力を発揮できると意気込んでいた私でしたが、大きな問題を抱えていました。実は特養の面接を受けた頃、まだ社会福祉士の資格を取得できていなかったのです。入社の予定は四月一日。資格取得の合否発表は三月末です。

あたりまえですが、内定の連絡をいただいた際にそのことについて聞かれました。「ところで社会福祉士の合格の見通しは？」と問うてくる施設長に、私は「もちろん大丈夫かと！」と答えるしかありません。やがて運命の三月末。……しっかり落ちていました。実は資格取得のため専門学校に通っていた当時、久しぶりの学生生活を謳歌して、再び飲み歩く日々を送っていた時期があったんです。だって楽しかったから。そのことがどうやら影響していそうです。結局その後も毎年落ち続け、結果的に三度目に受かることになるのですが……。

もちろん施設長に叱られました。「話ちゃうやんか！　こっちも職種ごとの人員配置があんねん。せめて社会福祉主事の資格は持ってないんか？」と言われます。社会福祉主事という資格は、大学や短期大学で厚労省が指定する社会福祉関連の科目を三つ以上修めていれば取得できるのです。その資格があれば相談員として働くことが可能です。私は偶然にも大学で該当科目を取得しており、社会福祉主事の資格を取得できていたのです。

おかげ様で内定取り消しになることなく入社できたのも束の間、勤務初日から遅刻する始末。さすがのマイペースな私も、あの時はもの凄く気まずかったです。福祉の世界でテッペンを獲るはずの男のスタートは最悪でした。

最速で相談員になるために

勤務することになった特養は四階建てで七十六人の利用者様が入所されていました。二階は自立のフロア、三階が認知症のフロア、そして四階には寝たきりの重度の方がいる特養です。

職員には早出、日勤、遅出、夜勤というシフトがあり、過酷だったのが早出です。朝が早いのはもちろん、出勤するや食事の介助と片付けをした直後、各居室の清掃やベッドメイキング、すぐさまおむつ交換、あっという間に午前が終わります。午後からは夕方までぶっ通しで入浴介助。一日に二十～三十人の入浴介助をするのですが、それに四～五時間程度かかります。

さすがにきつかったのですが、私は上司に、あえて全フロアを回れるようなシフトをお願いしました。面接のときに「相談員は現場を見通すことが必要」と言われていたためですが、それなら短期間で現場の概要を把握したいという想いから出たお願いでした。

さらに、その上司に相談員の仕事を教えていただくお願いをしました。上司は十八時まで事務所で仕事をしていたのですが、早出が終わった後など、相談員の仕事を教えてくださいという私の願いを承諾してくれたのです。

一所懸命働くことで、人間関係も築けてきた

そこからは突っ走りました。介護職には肉体労働の要素もあるし私の苦手なおむつ交換の仕事もあります。身体は本当にしんどかったのですが、それは他のスタッフも同じです。ですがパチンコの仕事のときと同じように、周囲のスタッフの困り事に耳を傾け、積極的

に仕事をこなすようにもしました。

なりふり構わず頑張るうち、少しずつ現場の皆さんとのコミュニケーションが取れるようになりました。得意の陽キャを生かし、特に介護支援専門員の先輩のＷさんには「きみ、ムチャクチャやけどおもろいね」と、いろいろな場面でよくしていただき、シフトを工夫してさまざまな経験をさせていただけるなどして助けていただきました。

パチンコ業界の仕事のときから気が付いていましたが、仕事で一心不乱に頑張ったり、進んで仕事に取り組む姿勢でいる、周囲のスタッフとのコミュニケーションを自ら積極的に取る。結局トータルで考えるとそれが一番楽なような気がします。

各フロアのスタッフと良好な関係性を築いていくことにも腐心していきました。

フロアごとに複数のスタッフが働いており、フロアごとの人間関係があります。どんな職場も同じですが、役職に関係なくキーパーソンは必ずいますし、中には自己主張の激しい人もいます。特にそういう人たちと良好な関係を構築する必要性を感じていました。各フロアのリーダー格は女性が多数でした。仕事が終わった後や休日に、その人たちと遊びに行ったりご飯を食べに行ったりして熱く仕事の話を語り合ったりと、お互いを知ることを繰り返した結果、とても仲良くしていただき、良い雰囲気の状態で仕事ができるようになりました。

スタッフ同士気軽に意見し合い、互いに助け合いながら仕事ができる環境づくりを目指していたこともありますが、先々相談員になったときも、介護スタッフと連携しイベントや行事を作っていかなければいけません。みんなと心を通わせることで、お互いの要望などを聞き入れやすい状態になることを意識していました。

そんなこんなで介護職の仕事は、多少きついながらも楽しみつつ続けることができました。ただ、利用者様とのコミュニケーション、移乗などの技術、排泄介助等、この経験をしたからこそ介護職には今だに大きなリスペクトを禁じ得ません。

仕事への熱意が上司にも届いた

このように、各フロアではどういう仕事をしているのか。そして利用者様にはどのような希望、要望があるのかを把握した上での課題分析、どうケアしていくべきかを検討していくという、アセスメントやモニタリングなどを実践で学び、勤務の後には上司に付いて相談員の勉強。大変でしたがそれを繰り返すうち、上司も半ば見かねたような雰囲気で「それだけ頑張ってるんやったら早く相談員やらせたろ」と認めてくれたようです。こうして思ったよりもずっと早く相談員になることができました。

私は喜ぶと同時に、不遜ではあるものの、この程度の努力、頑張りで評価してもらえるのかとも感じたものです。

利用者様を笑顔にしたい

新しい企画を次々に実現

こうして念願の相談員の第一歩を踏み出しました。最初に取り組んだのは面接のときに施設長と約束した、利用者様のためのイベント、行事の企画です。

介護職で各フロアを経験しハッキリと感じていたのは、利用者様が本当に暇そうだったことです。食べては寝ての繰り返し。毎日代わり映えのない入浴。大した運動もしてないし、動かないからお腹も減らない。食事介助したスタッフは「全量摂取してもらいました」と誇らしげに申し送りをしますが、無理に食べさせなくても……というのが私の本音でした。

張りのない生活を見て、専門学校で学んで感動したＱＯＬ（クオリティ・オブ・ライフ。人生や生活の質の向上を目指す考え方）はどこへ……というのが率直な私の想いでした。それは施設長も「イベントや行事を作りたい」と言うはずです。

子どもたちとの交流は大成功

まず企画したのは、地域の子どもたちとの交流です。近隣の保育園や幼稚園のリストを入手し、片っ端から相談の電話を入れました。そのうち二、三軒が話を聞いてくれるということになり、すぐに出向きました。そのうちの一軒の園長が「ちょうど高齢者とのふれあい行事のようなことを考えていました。ぜひうちの園から子どもたちを行かせてもらいます」と言ってくれて、交流行事が始まりました。

一回目の交流行事は予想以上に成功しました。利用者様が子どもに触れ合っているだけで泣いているんです。子どもたちが「プレゼントを用意してきました」とサプライズで描いた絵を贈ると、利用者様はこれ以上はないというぐらい大喜びです。この光景を見て施設長も泣いてしまったほどです。理屈抜きに、福祉の仕事をやって本当に良かったと思えた時間でした。施設長は「ありがとうな」と言ってくれましたが、私のほうこそお礼を言いたい気分でした。

利用者様が自由に買い物できる喜び

他にも利用者様が余暇に活動ができる企画をしました。その特養では買い物ができる仕組みがなく、ご家族が必要な物を持ってくる程度でした。そこで利用者様を順番にスーパーやショッピングモールに連れて行き、定期的に買い物をしてもらえるようになりました。

これにもやっぱり喜んでくれて、ご家族からも感謝され、利用者様たちには「次はいつ？」と聞かれるようにもなりました。ただ、買い物にお連れする程度のことでも結構大変だったのです。ご家族の許可をいただく必要があるし、利用者様の中にはお金がある人とない人の差もあります。そして送迎の車を出すのも、台数に限りがあるので順番で行ってもらうためのスケジュールを組んだり、職員が外に出るので現場が回らなくなったりなどなど、たくさんの課題がありました。

それでもなんとか実施していたのですが、もっと恒常的に買い物ができないか、と考えるようになります。

併設のデイサービスに、福祉用具を販売に来る人がいました。いつも娘さんと一緒に来ていたことに目を付け、二人で移動販売の百貨店を作ってほしいと頼んでみたのです。福祉用具は週に一度来た程度で大きな売上は見込めないと思うんです。せっかく毎週来てもらうなら、お菓子とか日用品とか利用者様が喜びそうな物をワゴンに満載して「買い物どうですか？」と移動百貨店みたいな仕組みにはできませんか？　そちらの売上に貢献できると思います、と相談してみると、本当に実現してくれたのです。これも利用者様から喜んでいただくことができました。

このように、企画し、みんなで話し合い、許可が下りたらスピードを持って実施することを意識していました。意思表示が困難な認知症の利用者様、寝たきりの利用様が少しでも元気になれるよう、スピードが大切だと考えていました。生き甲斐や楽しみがないと、毎日がただの苦行になってしまいます。そんな毎日を解消してほしいと、本で調べたり他の施設でやっていることを情報収集しながら、できそうなことを企画していきました。

買い物の次は外出行事の機会を設けました。春はお花見、夏は施設で屋台を出してお祭り、秋は紅葉狩り、冬は初詣。こうした行事ができ始めると、現場からも「次はこんな企画しませんか」という意見が上がってくることも増えました。外出行事も買い物と同じく現場の負担が生じます。そこでスタッフが交代で担当しつつ、利用者様のご家族にも同行の声をかけ、ご家族が参加できる仕組みを作っていったのです。

困難な事業への挑戦

支援困難な利用者様を受け入れる

行事や買い物を楽しめる機会を立ち上げるうち、利用者様のQOL、つまり生活の質、人生の質が徐々に向上し始めていることを、少しずつ感じることができました。

一方で困り事を抱える利用者様の受け入れに関して、苦心していました。

当時私はショートステイ、一時的なお泊まりの事業の担当者もしていました。そのショートステイ希望の利用者様の面接に行くのも私の仕事だったのですが、中には行動障がいが目立つ方、医療ケアが必要な方もいらっしゃいます。

ある日、さまざまな施設から利用を断られている人がショートステイを利用したいと訪ねて来られました。ご家族の状況が深刻で、奥様が介護されており老老介護で生活しているらしいのです。しかも胃ろうと褥瘡《じょくそう》のケアが必要とのこと。医療ケアができるショートステイに入らないと家族が崩壊してしまう危険性があると判断した私は、看護主任に面接の同行をお願いしました。

専門職という立場では、何となく医療者である看護師の言い分が強いのが現実です。私はなぜか看護主任に嫌われていました。「無駄に勢いがある若僧」とでも思われていたのでしょうか。ずっと後に聞いた話なのですが、何やら看護主任の車を当て逃げした人に私の顔がそっくりだったことも理由だったようです。知らんがな！　……言いがかり以外の何ものでもありません。前述の同行依頼に対して看護主任は「なんで私が同行せなあかんの？　あんたらが行って情報持って帰ってきてくれたらええやん」と、けんもほろろです。でもこういうきついことも言うけれど、根はいい人で、何より利用者様に対して熱い人であることを知っていました。「諦めてくれるまで諦めません」と辛抱強く毎日のように懇願し続けた結果、かろうじて面接だけは行ってもらえることになりました。

看護主任の理解に助けられた

面接が終わった後の帰りの車の中で、医療ケア視点の意見、受け入れは可能かどうかについて恐る恐る聞いてみました。無理と判断されたらそれまでです。すると「いろいろ課題はあるけど、私が直接手伝えることもあると思う」と言うではありませんか。思わず、受けてくれるんですか？　と聞くと「あんなにご家族がお困りの状態を見て、受けなしゃあないやんか」と答えてくれました。私が嬉しさのあまり思わず、「さすが看護主任！熱いですやん！」と口をすべらせると、すかさず「何を偉そうに。あんたのことを認めたわけちゃうからな」と、どこまでもつれない言葉を返されました。実はわかっていました。熱い気持ちを持つ看護主任なら面接さえ同行してくれれば受け入れをしてくれることを。

これを契機に看護主任は、私が支援が困難なケースを持ち込むごとに応援してくれました。他の看護スタッフが難色を示しても「その家族には何か背景があるんやろ」と応戦してくれるのです。時には反対派に「それってまた藤田くんのケースやろ」みたいなことを言われても「彼はそういう人、放っておかれへんのやろ」と諭してくれたようです。

あの当時、特養で利用者様が衰弱などすると病院に入院され、我々の役目は終わりでした。では入院するとどういうことが起きるか。特定の疾患がない人でも、身体の不活動状態によって生じる二次的障がいで亡くなることがあるのです。病院に行くと特養に比べてさらに自由度やＱＯＬが下がり、衰弱してしまい、あげく最後はお亡くなりになる。入院イコール生活の質が下がってさらに死に近づく……ということなのでした。もちろんすべての病院がそうではありませんが。

曲がりなりにも特養は病院に比べて自由度が高いわけです。私たちは利用者様の人生の質を高めることに関しては真剣でした。そこで出てきたのが「特養で看取ったらええやん」という結論です。

そのためには当然、病院ではなく特養で最期を迎えられるシステム、いわゆる看取りケアの仕組みを作らなければなりません。そのためにはさまざまな条件をクリアせねばならないのです。

看取りケアを実現

上司や介護支援専門員の先輩と共に看取りケアの実現に向けて奔走しました。この実現には、医師や看護師の協力が不可欠です。

そうして看護主任や介護スタッフとの信頼を少しずつ頂戴し、看取りケアが始まりました。「私から言うたる」と、看護主任から医師への提言もあり、私が退職する頃には数人の看取りケアができる体制にまでなりました。当時は看取りケアに対応できる特養は少なかったこともあり、他事業所から評価されました。

私は相談員としてポリシーを持って仕事をしていました。どんなに悲壮な面持ちで相談に来られても、笑顔でお帰りになっていただく。持てる知識や相談援助の技術をフルに使い、日々の独学も欠かしませんでした。

そうこうしているうちにソーシャルワークが評価され、あの三度落ちた社会福祉士の実習指導者の免状も取得し、実習生を抱え、ショートステイも常に満床になります。ショートステイが多い地域にありましたが、常時満床の施設は稀でした。利用者様やご家族、関係機関からも評価いただけるようになっていました。

評価を高めるために行ったこと

相談員を経験した後、デイサービスの管理者も担当しました。そこでもどうすれば稼働率を上げられるかということを考え、いろいろやってみました。特養で取り組んだレクリエーションの強化の他、USJ（ユニバーサルスタジオジャパン）に利用者様をお連れするなどの企画を立て、反響をいただきました。結果的には、そのデイサービスも大きく稼働率を上げることができました。

このように事業所が評価されるよう、サービスの質を極限まで高めていくことと同時に行っていたのが、外部への営業活動です。居宅介護支援事業所、病院、地域包括支援センターなどの関係機関へ毎月お伺いします。無計画にお伺いするのではなく、新規・既存の毎月の訪問の件数の設定、どのようなお話をするのか、それぞれの事業所はどのような雰囲気でどのような人がいるのか、などを把握した上でアポイントを取り、お伺いします。その上で、それらの情報をデータ化し、いかに関係を高めていけるかを考察します。特に意識したのが、自身の事業所の押し売りをしないということです。その関係者が抱える課題を取って差し上げること、その人を知り良い人間関係を築いていくことに注力しました。

たとえば、介護支援専門員は介護保険のプロ。介護のことならどんなサービスや手続きも熟知していると思われるかもしれませんが、実はそうではないこともあります。個人差がやはりあるのです。そのような方に申請手続きのやり方をお伝えしたり、書類を一緒に作成したり、利用者様の支援を一緒に考えたりと、お手伝いしました。また、プライベートの悩みや相談に乗りました。食事をご一緒させていただくこともありました。

そのような関係を築いていくと、向こうから利用者様を次々にご紹介いただけました。特養やショートステイ、デイサービスにご紹介いただいた利用者様は、利用された即日にご様子をお伝えしました。ご家族との関係悪化を気にされて、伝えたいことが伝えられない介護支援専門員の代わりにその役を引き受けました。ご紹介いただいた利用者様の経過は毎月必ず書面と直接お会いにいくことでフィードバックしました。もちろん、対応が困難な利用者様の受け入れも積極的に行いました。

利用者様であろうが関係者であろうが、その人が望んでいることをやって差し上げるうち、気がつけばたくさんの利用者様のご紹介をいただいていたと今になって思います。そしてそのようなご縁を通じて、弊社の立ち上げメンバーにスタッフとして入ってくださった介護支援専門員は、今でも活躍してくれています。

職員としての限界を感じる

稼働率向上の重要性を痛感

その頃になると入社から七〜八年が経過していました。そこまで介護職から相談員、管理職もやり、特養で入所事業、ショートステイやデイサービスにも携わらせていただき、幅広く経験させていただけました。

その経験を通じて、どのような事業でも稼働率を上げる、人が集まるようにすることが不可欠なのだという確信が芽生えました。なぜなら、ひたむきに仕事に向き合うスタッフに還元することや、サービスの質を向上させるには原資が必要だと痛感したからです。

その七〜八年の間に意識的に交流会に参加するなどして、他の施設の状況を知る機会、同じ業界の人たちと知り合う機会を得ました。結構な稼働率を上げているところもあれば、利用者様が集まらず四苦八苦しているところもあったのですが、ほとんどの方は「利用者様に最高のケアをしたい」という強い想いの人たちばかりなのです。そういう想いがあるにもかかわらず人が集まらないというのは、集客という点に意識が向いていないということがわかりました。福祉事業での収入は国からの報酬がメインです。補助金とか助成金と取り違えて認識している人も多いようですが、サービスを提供することで国から得る報酬が収入のほとんどで、基本的にサブの収入はありません。ですから高い稼働率を維持することが経営における生命線なのです。ところが利用者様、困り事を抱える方への想いは強いけれど、集客しようという方向に意識が向いていないケースがとても多いのです。収益を上げなければ利用者様と職員に還元できず、経営が悪化し、当然良いサービス提供ができません。

金儲けを優先して、最低限以下のサービスで支出を抑えようという施設は論外ですが、利用者様への想いと経営ロジックの両輪で進めることが不可欠だということを、経験を通じて心に焼き付けました。

「福祉は天職だ」と自覚できたひと時

その七～八年というのは最盛期のような、自分にとっていい時代でした。ソーシャルワークをやればご家族が涙ながらに喜んでくださり、ありがたいことに他事業所からも良い評価をよく耳にしました。

それが認められて、地域の特養全体の集まりである職種に拝命されます。地域の困り事に対応するコミュニティソーシャルワーカー（CSW）という仕事でした。おかげ様で直属の部下が三人もつきました。自分を合わせて四人も相談員がいることは珍しいことでした。

手前味噌ですが、関わった事業は潤してきたし、レクリエーションだけでなく、相談員としての仕事にも自信が持てるようになっていました。たくさんの利用者様から喜んでもらい、ご家族から感謝を頂戴しました。クレームを言われる人に真摯に対応し続けるとファンになってくださいました。話してわからない人はいない。そう決めています。どんな悲壮な面持ちで来られた相談者も、ソーシャルワークを通じて解決に導けなかったとしても、せめて笑顔で帰っていただくことができたという自負もあります。少しでも光を照らして差し上げられるような相談員であれと、後輩にも大切な想いを伝えてきたつもりです。

自分でやりたかった仕事を探し続け、ようやく見つけた。こんなにもやりがいのある福祉の世界に来れてよかった。そう、しみじみと実感できるようになっていました。

悪化していく職場環境

やりがいを実感できるようになったのも束の間、周囲の状況が少しずつ変化していきます。施設長が少し変わってしまいました。

たとえば外出行事もリスクが高くコストがかかるから極力控えるように言われます。私としては喜んでいただいていることに手を緩めないからこそ評価され、結果的に数字に反映されると思いますと話しました。もちろん施設のことを思っての反論ですが「経営者ではないのに偉そうに！」と言い出す始末です。それを言われると話は終わります。私は経営者ではないのですから。

ことあるごとに声を荒げてのそのような数々の言動は、私を含む上司や先輩に対しても頻発し、事務所の空気も重たく、幹部職員の退職も目立ち始めました。

私たちは専門職として利用者様に喜んでいただくことが仕事です。リスクがあったとしても、それが利用者様にとって良いことであれば、安全に配慮して行うことが良いことだと思っています。人生の豊かさは長さではなく質です。

介護保険の事業者としては、利用者様の安全が優先されることはよく理解できます。そして今の立場になると施設長が悩んでいたこともわかるつもりです。だけど当時は、決して同じようにはなりたくないというのが率直な想いでした。

そうした職場環境の変化は正直辛かったですが、それでもソーシャルワーカーとしては評価をいただいていたこともあって仕事には自信を持っていました。もはや私に解決できない問題はないと思っていたぐらいです。またもや調子に乗っていたわけですが、それくらい勉強したし誰よりも動いていた自信がありました。ソーシャルワーカーとして、制度やサービスといった社会資源についても勉強しました。そして実際に困り事を抱える人たちを、社会資源につないでいくための人とのつながりも築いてきたつもりでした。

失われた自信

しかし、それは大きな勘違いであることに気が付き始めたのです。たとえば、おばあちゃんが認知症という相談者が来られた場合、活用できる制度やサービスを紹介したり、状態に応じて特養の入所手続きについてお伝えしたり、経済状況に応じて生活保護の受給方法などについて助言することで、相談者からは「なんとかなる」と喜んでいただけます。

ところが無事にそのおばあちゃんが入所でき、ご家族と信頼関係を築き上げた時に、さらに相談内容が深くなっていくのです。「ところで私の息子が発達障がいで学校でいじめられ、もう半年もひきこもっています。どうやったら学校に戻れるでしょう」、「実は夫から暴力を受けて逃げたのですが、今も追いかけられているのです」、「シングルマザーで子ども四人を育てています。バイトを四つ掛け持ち、寝る間を惜しんで働いていますが、一向に生活は良くなりません。もう死んでしまいたいです」。こういった介護以外の相談や課題が寄せられることが増えてきました。

介護に関する相談は介護保険を軸にして解決していくのですが、その他の悩みや問題に関して解決するためのツールが私にはありませんでした。自分のソーシャルワークに誇りを持っていたものの、介護保険の対象になる以外の悩みや相談には無力感を感じました。

ある母子家庭のお話です。母親と二人暮らしの女の子は小学生です。母親は家賃を滞納しており、何度も警告があったけれど払うことができず、いよいよ明日退居しないといけないという状況でした。

その日、娘さんは学校から帰ってくると、嬉しそうに赤いたすきを見せながら「今年もリレーアンカーやねん。これで明日最後走るねん」と言ったそうです。たすきはバトンの代わりなのでしょうか。お母さんは「よかったなあ」と答えましたが、明日には立ち退きしなければいけないことを言えないままでした。

お母さんは娘さんが寝静まった後、涙ながらに娘さんの成長記録を見ていたみたいです。そしてアンカーのたすきで娘さんの首を絞めて殺めてしまうのです。自身も自殺を図ります。一命を取り留めたようですが、言葉にできないほど悲惨な事件でした。

こうした悲劇が自身の身近で起こっていることを知ったのに何もできない自分が残念でしかたなくなりました。困り事を抱える人へ手を差し伸べられない自分に嫌気が差してしまいました。手を差し伸べられないのに、なんのためのソーシャルワーカーかと。

制度が悪い、政治が悪い、地域が冷たい、なぜみんなでもっと助け合い、おせっかいでもいいから動かないのかと考えたりもしましたが、結局それは他責です。

今が起業の潮時かもしれない。雇われ職員ではやれることに限りがある。政治も地域も困っている人に手を差し伸べないのなら、自分がやる。あらゆる困り事を解決していくことを目指そう。

職場環境の変化と相談者の皆さんから寄せられたたくさんの悩みや課題、日々身近に起こる悲劇、現在の仕事の立ち位置での限界、自己嫌悪……そのどれもが強い動機となり、起業を決意することになりました。

起業に向けて踏み出す

老人保健施設の立て直しの依頼

もともと起業することを目指して福祉の世界に飛び込んだ私です。退職する二～三年ほど前から起業の準備を始めました。その矢先、ある方が老人保健施設の立て直し案件を持ってきてくれたのです。要は集客が上手くいかないので、それを軌道に乗せてほしいという相談です。

この老人保健施設と業務契約を結ぶためには法人格が必要でした。もちろん副業禁止だった勤務先との契約は無理です。そこで私は密かにNPO法人を設立しました。

NPO法人の設立は素人には容易ではありませんでした。まず、「社員」と言われるメンバー一〇人を集めなくてはなりません。そして「理事」と呼ばれる役員が三人必要です。それでも、設立の必要性や、将来やりたい事業やビジョンなどを知人、先輩など個人個人に熱っぽく伝えると、快くメンバーになっていただけました。手続きに関しても行政に伺い、何度も書類の訂正をいただき約五カ月を経て無事設立することができました。この手探りで設立したＮＰＯの事業計画が、今の弊社の事業展開の原案となっています。

そのＮＰＯ法人で、老人保健施設と契約。結果的に施設の稼働を大きく向上させることができ、依頼者に喜んでいただけました。こうして初めてのコンサルティング業務を、組織に属しながら起業する前に経験できたわけです。

起業するに際して職種はどうすべきか。その点は早い時期に決めていました。まずはコンサルティングです。箱物が必要な施設運営などをやるためには、大きな資金が必要です。次章で詳しく説明しますが、コンサルティングなら極端な話、身体一つあれば可能な職種です。コンサルティング業務で収益を上げて理想の介護事業を経営することがいいと考えました。稼働率の低さ、人間関係、職員教育、複雑な事業申請に悩む施設も多々あります。それらは勤務していた施設で学ばせていただきました。またそうした悩みを解決できることも見込んでいました。老人保健施設でまず実績を一つ積めたことも自信になっていました。

ＮＰＯ法人の立ち上げは突然舞い込んだ案件に対応するためですが、私は特養に籍を置きながら起業するための準備を進めていたわけです。

起業に向けて人脈作りも頑張る

前職を辞める二〜三年前からは福祉関係者の交流会や異業種交流会などにどんどん足を運び、そこで知り合う人たちと人脈を築いていきました。

その中には「藤田さんが起業するときはコンサルティング案件を持ってくるわ」と言ってくれる人もいました。まあ、そういう約束というのはその場だけというケースがほとんどですが、本当に案件を持ち込んでくださる人もいたのです。今でもお付き合いさせていただいており、当時の話を聞くと「若いのに勢いあって頑張ってる」ように思っていただいたみたいです。

私は起業する前から、さまざまな交流会には積極的に足を運んでいました。そうした場でたくさんの人と会い、自分は何者なのか、これから何をやりたいのかを積極的にＰＲして、協力いただける人を探すことを欠かしませんでした。

また、離職前にビジネスコンテストにもこっそり参加していました。高齢者、子ども、障がい児・者に一体的にサービスが提供できるような箱モノ、共生型の事業計画などを作って参加しました。受賞することはありませんでしたが、コンテストで出会った他の参加者とも名刺交換ができたり、審査員を担当された方々に相談窓口が開け、有益な情報を得たことなどが、後々役立ったりしました。そのコンテストで一際目立つ、素晴らしいプレゼンをされていたＮさんがいらっしゃり、感銘を受けました。

実は起業後、その憧れたＮさんと肩を並べて仕事をさせていただけることになったのです。

こうした積み重ねによって、結局、起業する前の時点で老人保健施設の立て直し、デイサービスの立て直し案件など、四件のコンサル案件をいただくことができました。

サービス付き高齢者向け住宅の立て直し

福祉事業の素人による失敗例

いよいよ離職して起業しようとした直前、特養にある営業マンが来ました。話を聞くと「特養にはたくさんの待機者が出ていると聞きました。ぜひ紹介してください」と言います。その会社では当時増え始めたサ高住（サービス付き高齢者向け住宅）の運営を始めたらしいのです。

サ高住とはバリアフリーを完備した高齢者向けの住宅です。特養に比べると介護度の低い方が入居される傾向にありますが、居室は広く自由度の高いサービスを受けることができます。安否確認のほか健康相談、緊急時の対応などのサービスが提供されています。

相談を受けたサ高住は三十六床ありますが、オープンから半年経過して入居者は二人。その危機的状況を脱しようと待機者の紹介を依頼相談に来られたのです。

私は、そのサ高住にどのような特徴や魅力があるのか、その上で御社は特養ではなく、そのサ高住に入る価値提供をどのように考えているのか、ということを聞きました。すると「正直、その辺りについてよくわかってないんです」という答えが返ってきました。サ高住を運営しているのは不動産会社で、営業マンはその会社のスタッフでした。

サ高住の開設には補助金等が出たので、異業種からの参入が多々ありました。事業の性質上、不動産業からの参入も多く、建設は不動産会社、運営事業者は介護を専門とする別会社というケースが多かったのですが、運営まで一体的に不動産会社が行うというパターンもありました。

前職を離れ施設長に

申し訳ありませんが、ご自身の施設の魅力も特徴も理解できていない方に、いくら待機者が多いといえどもご紹介はできません。私はキッパリとそう告げました。福祉の世界はサービスを提供する対象者が多岐にわたり、対象に応じてサービスの内容もさまざまです。いずれのサービスにせよ、提供する側は「自社の提供するサービスにはどのような特徴や魅力があるのか」という点について、しっかり情報開示することが不可欠だという想いがありました。その点が明確でないと利用者様もご家族も戸惑うし、もちろん不安も募らせるでしょう。特養の待機者が現在よりも多かった当時でさえ、そのサ高住は惨憺たる状況でした。老人ホームが数多く充実してきた現在なら、魅力や特徴をアピールできない施設の集客はさらに難しいと言わざるを得ません。

その営業マンは私より十歳も二十歳も年上に見えましたが、私は忌憚のない意見を伝えました。しっかりとした御社の強みをPRされないと、信頼を失う逆営業になっていきますよ。そこまで言ってしまったのですが、営業マンは怒り出すどころか「うちの社長に会ってくれませんか?」と言ってくるではないですか。「適当にあしらえばいいのに、ここまで言ってくれる人は稀や」と、まるで意外な展開になりましたが、これはコンサルティング案件として取り組めるかもしれない、そう思って後日、社長に会いに行きました。

社長も社長の奥さんである専務も福祉に関してはまったくの素人で、サ高住も半ばコンサルティング会社にそそのかされて始めたということでした。施設長を任された職員の離職が半年の間で三人も出ているそうです。早速課題を抽出してみると賃料設定、営業方法、サービスの質、報酬加算の取りこぼし……あらゆる課題が山積していました。私はコンサルティングに入るつもりで訪問したはずでしたが、その程度では修復不可能です。施設長で雇ってもらえませんか？　自由にさえやらせてもらえれば、半年で必ず立て直しますと、思わず得意の調子の良さが出てしまいます。

それほどそのサ高住が危機的状況だったということもありましたが、ここを立て直すことができればさらに自信につながるという想いもありました。そしてこれまでの経験から純粋に「施設長」をやってみたいという想いもありました。また新たな人脈を築き実践も積めると考えました。社長も「なってくれるなら」と前向きでした。

そのとき勤めていた特養では、未経験のところからさまざまな仕事にチャレンジさせていただき、多くの失敗・成功体験を積ませていただきました。これが大きな自信につながったと思います。感謝の気持ちを持つ一方で、「施設長就任」のお話は、組織のトップに立ち、現場の気持ちも理解した上でやってみたいと思う自分に対し、そのチャンスが来たと強く感じさせる機会だったのです。お世話になった上司や同僚、大好きな利用者様と過ごした法人に未練がないと言えば嘘になりますし、やはり不安がないわけでもありません。それでも私は特養を離れて、サ高住の施設長に就かせていただくことを決心しました。

波乱のスタート

施設長就任にあたって、自分の中で明確にミッションを定めました。利用者様を増やし満床にすること、そのためには他のサ高住にはない強みを作ること、そしてスタッフの皆さんに、そのような考え方を理解していただける体制を作ることです。

その際、スタッフとして真っ先に声をかけたのが、専門学校時代に出会ったMさんです。私とは真逆の真面目で大人しい人で、頭も切れて福祉系の資格もたくさん持っていました。私は起業を目標に据え、Mさんは家業の薬局を継ぐことに決めており、卒業後からその薬局を手伝っていましたが、専門学校の同窓会がたまたまあり、その際「仕事が面白くない」とこぼしていたのを覚えていました。

社長にはサ高住を運営する上で、利用者様のケアプラン作成やケアマネジメントを担うための居宅介護支援事業所を置くことが必要であることは説明済みでした。Mさんならその管理者に最適です。相談すると熟考の末「よろしくお願いします」と快諾。社長も承知してくれました。

施設長としての初日を迎えました。張り切って出勤すると、いきなり看護師のYさんから辞表を突き付けられたではありませんか。他の介護職の方の辞表もあります。ちょっと待ってください。どうしてですか？　私は少々パニックになりつつたずねました。するとＹさんは「これまで散々施設長が入れ替わるのを見てきたし、ここの経営者とは考えが合いませんから」と、毅然と言い放ちます。サ高住に看護師を配置する義務はないのですが、看護師がいることで医療ケアができるという強みが生まれます。いなくなっては大ダメージです。そして辞表を出した介護職は四人。全員が抜けたら現場は絶対に回りません。

想いの強い人ほど放漫経営に反発

私はＹさんに、このサ高住を本当に立て直すつもりで来たこと、これまでの施設長とは違うことを真摯に説明し、まずは一カ月だけでも私の仕事ぶりを見てほしいとお願いしました。Ｙさんは半信半疑な表情ながらも、「わかりました。じゃあ一カ月、様子を見させてもらいます」と言ってくれました。

Ｙさんの働きぶりは素晴らしく、本当に利用者様のことを支援したい一心なのだということが、わずかな期間だけでも伝わってきました。少しずつ話をするようになってから、そもそもなぜ看護師になろうと思ったのか聞いたときも「困っている人様の世話をしたい、幸せを作るお手伝いがしたい」といった話が自然に出てくる。私は「あなたのような志が高い人がいなかったら、利用者様が困ると思う。想いは同じだし、私を試してほしい」。そんなことを伝えたことを覚えています。

入職して一カ月の間に、そのサ高住で看取りケアができるよう医師を探し依頼したり、知り合いの相談員やケアマネに利用者様を紹介してもらったりと必死に動きました。Yさんと介護職は離職をとどまってくれました。特に看取りケアを始めてからはYさんの献身的な働きぶりにずいぶん助けられました。必要なら添い寝しながら、何時間でも利用者様の容態を診るような仕事ぶりで、しかも「こういうときに残業代は要らない」とまで言ってくるほどでした。自所のサービスを良くしたい。利用者様を喜ばせたいという気持ちが強いからこそ、経営方針や指示に不満や厳しい意見が出てくるのです。

目指す想いが同じであることがわかり合えれば、これほど強い味方はありません。私はYさんや介護職と力を合わせ、サービスの質の向上をさせるため、レクリエーションの実施、職員への研修など、他所よりも「このサ高住を利用するしかない」理由を作っていきました。

結局そのサ高住は、施設長に就任後、約半年で満床になりました。自分なりに課した目標、ミッションをクリアできたので、私は就任からピッタリ一年で退職しました。

ちなみに戦友であったＹさんも、その後退職。診療所で勤めた後、弊社に入職しました。現在、管理職として弊社を支えてくれています。

あらゆる課題に立ち向かうと決意する

特養やサ高住で勤務していた時期、本当に多くの方のご協力をいただいたからこそ、実績を残すことができました。一人でできることは限られています。だからこそ、物事を進めるに際して協力者を得ていくというプロセスに関して、決して手を抜きませんでした。人様から協力していただくために私が尽力したのは、その人たちの困り事を可能な限り取り除き、やりたかったこと、望みや希望を叶えるように奔走したことです。また誰かが困っていれば自身が起点となり、誰かを紹介し協力をいただく。そんな恩送りと恩返しのループを作っていくことができたからだと今になって思います。新たに生まれたその関係の中で、出会った人たちが協業してくれたりすると本当に嬉しいし、事あるごとに、そういうループを作っていきたいと思っています。

起業の直前にコンサルティングではなく経営の実践に近い形でサ高住の立て直しができたことは有意義でした。

また、さまざまな経験を積むうち、新たに強い「怒り」の感情も生まれてきたのです。支援の手が届かない立ちふさがる法の壁、社会資源の不足、悪質な事業者の都合でサービスの質の低下を余儀なくされること、利用者様はもちろん一所懸命な従業員の待遇向上に目を向けず、自己保身に走る経営者。何より、それらのことを改善することができない自身への無力感。なんで人はもっと人に優しくできないの？　叫びたいぐらいに怒りを覚えるようになったことも起業への強い原動力となりました。

仕事に邁進するほどに、あらゆる感情が募っていきました。高齢者にまつわることだけでなく、あらゆる社会課題に立ち向かっていきたい。誰かを救える力がどうしても欲しい。ルールが足枷になるならルールを変える力が欲しい。そのために自分は、知識や戦略を持って何事にも論理的に対応できる強さ、しなやかで熱い心と想いを持って、社会課題にあたっていこう。政治や行政が動かないならこちらが動く、社会資源が足りていないなら自分が創る。社会課題を見て見ぬふりをすることはしない。大切な人が亡くなってからもっとこうすればよかったという後悔はしない。もう自分の気持ちに嘘をつくのをやめよう……。

遠い目標です。でも起業して、とにかく目標に向けて挑戦し続けよう。そんな強い気持ちがありました。

第３章　福祉事業拡大の「やり方」と「あり方」

なぜ「福祉事業」で起業するのか

起業するにあたっての準備

2013年5月、株式会社インクルージョンを創立しました。

私は起業前から、多岐にわたる福祉のジャンルの中で、自分で立ち上げ、運営が可能なものは何かということをリサーチし、起業時に必要なことは何かということを勉強していました。

起業の際にまず事業計画を立てなければいけません。どのような事業を行うのか、その事業を立ち上げるにはどの程度の予算が必要なのか、設備資金、運転資金はどの程度必要で、毎月収益を上げるにはどのくらいの集客が必要か、同種の事業で競合相手はどれくらいいるのか、どのような人員がどれくらい必要なのかなどなど、検討すべき要素はたくさんあります。

私は高齢福祉の現場で経験を積んだこともあり、当初は理想の高齢者向け事業を展開したいと考えていました。

高齢福祉の分野でもさまざまな事業があります。用意できた自己資金が百万円だったので、億単位の資金が必要な老人ホームなどの施設を開設するのは無理でした。一方で、十人程度が利用するデイサービスなど小さな箱物で運営できる事業であれば、設備と運転資金を入れても必要な金額は一千五百万から二千万円ぐらいであることがわかっていました。

資金面や、自分の理想を具現化しやすい事業として、まずはデイサービスを立ち上げたいと考えていました。しかし、起業した時期が報酬改定の時期と重なったのです。改定後は、改定前のデイサービス事業の一般的な収支計算をもとに事業運営しようとしても、非常に困難であろうことが予想できました。

そこで、最初の一年はコンサル事業で収益を上げ、二年目以降はその収益を元手に事業を拡大させていくということを起業前から想定していました。

業界や事業の実情を知る

未経験者がしっかりした事業計画を立てる作業は簡単ではありません。特に福祉事業は、業界に身を置きながら内情、仕事の詳細を把握していないと、リアルな現場を理解することは困難です。逆に業界での経験があっても、経営の意識を持って日々の業務に取り組んでいなければ、事業計画の肝心な部分に穴が開くことになりかねません。

数年前、弊社のコンサルティング部門に「訪問介護を立ち上げたい」という女性から相談をいただきました。福祉業界ではなく飲食業の経験が長い方で、年齢は40代。なぜ訪問介護を始めたいのか聞くと「大層な設備や資金も必要なく、人さえ集めたら手軽に始められると聞いているから」ということでした。「やってみたい」という友人知人が多いので人員もすぐ集められると言います。

これらの条件だけで考えると、確かにすぐ起業できそうです。しかし実際の訪問介護の経営はそう簡単ではありません。たとえば大阪市内では競合が多いため、利用者様の取り合いもスタッフの確保も難しいのが現状です。相談者は「人員はなんとかなる」とおっしゃいましたが、訪問介護は利用者様宅に訪問しても「今日は体調が優れないので結構です」など急なキャンセルが多く、その分は国からの報酬の保証はなく、スタッフの人件費は事業者が負担せねばなりません。

そうした効率の悪さから、現在は老人ホーム等を運営し、その入居者さんに対し三十件、四十件を一気に回れる形の訪問介護が増えています。個宅に訪問する純粋な訪問介護はさまざまな工夫が必要である現状を説明すると「甘く見ていました」と理解してくれました。他の業界も同じかもしれませんが、この相談事例のように、福祉業界外の人たちは事情を認識できていないことはよくあります。

事業計画は「未来図」

十年、二十年と福祉業界で経験を積んだベテラン専門職が、新たに立ち上げた事業所をわずか数カ月で閉めました、という話も珍しくありません。業界の現状がわかっていても、事業計画の内容、立て方に問題があったと考えられます。

「事業計画」という言葉は、金融機関などからすると単に資金収支シミュレーションのことを指すこともありますが、本来経営者にとって事業計画は「未来図」です。あなたの会社はどこに行き着きたいのか、そのためにどういった経路を辿るか、そのための戦略・戦術は、そしてビジョンがあるのか……ということを落とし込むための設計図なのです。

福祉事業での起業の場合、事業所一、二カ所を開設しても、その先の目標、最終的なゴールを持っていないケースが多いです。「勤務している事業所のサービスが劣悪なので、もっと良質なサービスを提供したい」、あるいは「職員が働きやすい職場を作りたい」という、目の前にある問題、課題を、すぐにでも改善したいという動機で起業される方が多く、まずはその問題・課題を解決するための事業所をスタートさせる、というケースです。

その想いはとても大切ですが、もっと深い「福祉の世界で何を成したいのか」という理念やビジョンまで盛り込み、それが反映されるような事業計画を立てることが重要です。

起業当初は食べるのに精一杯で、とにかく利益を上げるためのアクションを起こしていかなければいけないというケースが多いでしょう。最初は「失敗しない」、「なるべく稼げるように」ということが優先されます。しかし事業を続けていく中で、ご家族から感謝されたり利用者様から喜んでいただくうちに「もっと喜んでいただける、感謝していただけることをやりたい」と思えるようになるはずです。その中で理念が生まれ、その理念の中で「こういう会社にしたい」という、より明確なビジョンが見えるようになり、戦略と戦術が結びついていくはずです。

初めての起業にあたって完璧な事業計画を作ることは不可能です。起業した時点では視野は狭く視座も低いかもしれません。しかし、ゴールやビジョンが明確に定まってくると共に、ブラッシュアップしていくのがいいでしょう。経験を積むとやりたいこと、アイデアがどんどん出てきますし、考え方も洗練されてきます。「そもそも自分は何がしたくて、どこに行きたかったのだろう」と自問する意味でも、未来図である事業計画をブラッシュアップし、やるべきことを確認する作業は大切です。

そして事業計画は単なる収支確認するためのものではなく、理念と紐づいて然るべきです。

福祉事業の特異性

スタートダッシュの重要性

福祉事業を始める際は、人員の獲得や物件が適合すれば事前協議や本申請を含め約二カ月で開業できます。私がコンサルティングをさせていただく際、クライアントさんには「開業当月に、損益分岐点を超えるようにしましょう」とアドバイスします。

よくあるのは「まず開業はできたので、これから営業して集客していきます」というケースですが、これは大変リスキーです。福祉事業においては開業後、たとえ利用者様がゼロだとしても必ず事業所を開けておき、人員も配置しなければいけません。もし稼働率が一〇％しかなくても、人件費を含めた固定費は百パーセント支払う状態が続くわけです。

それを避けるためには、申請する前から「こういう事業を立ち上げる予定です」ということを、関係機関などに伝えておくことです。またSNS等を用いて、新たな事業所はどのような強みを持つのか、利用者様のどんな要望に応えることができるのかなどについて周知を徹底しましょう。

その周知の結果、見学にお越しにさえいただければ「必ず気に入っていただける」状態にしておくことが肝要です。そうすれば初月から損益分岐点を超えることが可能です。

また福祉事業を運営する上で原資となるのは報酬ですが、報酬は利用者様へのサービス等の提供開始から二カ月遅れで支払われることを考慮しなければいけません。その点も含め、開業してすぐに稼働率を上げるか、いかにスタートダッシュをかけるかが、実に重要なポイントです。

変化する報酬に留意する

報酬に関して、支払われる時期と共に注意しなければならない点があります。福祉事業においては提供するサービス等ごとに受け取る報酬が設定されています。その額が、先々変更される可能性があることです。

報酬改定は概ね三年に一度実施され、対象となる事業のほとんどは、報酬改定後に額が下がるか、受け取る上での条件が厳しくなります。過去の介護保険における報酬改定では、ほとんどの事業がそのような道筋を辿ってきました。障がい福祉の事業も同じです。

改定により新たにサービスが施行された際、当初は参入を促したいという国の狙いから条件の良い報酬額が設定されるケースが多いです。施行直後のタイミングだと競争相手も少ないため、福祉業界以外からも参入が増えることも珍しくありません。逆に報酬改定によって条件が悪化すると、撤退する事業者が多発することもあります。

報酬が減額すると、これまでと同じ稼働率や提供サービスの質を維持しても収入が下がってしまうのです。福祉事業の運営ならではの難点ですが、対応するための策はあります。

報酬減額に対応する多角化経営

単一の事業だけに取り組んでいると、いずれ報酬改定によって先細りになる可能性があります。しかし複数の事業を運営し、それぞれで収益を上げれば、一つの事業の収益が下がった場合でも他の事業の収益で賄うことが可能になります。実際に異なる事業で収益を賄うことを取り入れている事業者も多く、これから福祉業界で起業する、すでに起業・運営している、いずれの場合でも経営の多角化は安定経営する上で非常に重要になります。

とはいえ複数の事業所を一気に起業するのは困難です。まずは単体の事業所を立ち上げるケースが多いと思いますが、先々は多角化していくことを視野に入れてください。

重要なのは、手掛けている事業の稼働率を可能な限り上げることです。そのためには、利用者様が常に満足していただけるような事業を行わなければなりません。手掛けている事業で上げた利益を元手に、次の新たな事業に着手します。

さまざまある各事業を運営する上で収支をどのように見込むのか、需要はどうなのか、次の報酬改定はどれくらい先なのか……そういった要素をしっかり検討しなければなりません。参考資料として、本書の巻末に事業ごとの収支を明記した資料を掲載しています。どのくらいの収益を上げられるか、参考にしていただければと思います。

同じ福祉事業でも、たとえば介護事業と障がい事業では準備すべき設備、人員などが大きく変わってきます。また同じ「介護」でも、重度障がい者と高齢者では内容が大きく異なる場合が多いですし、意思の疎通が難しい知的障がい者と認知症の高齢者では、対応が異なってきます。

着手しようとしている事業において、どういった設備や人員が必要なのかということも理解した上で準備することが不可欠です。

異業種の事業も視野に

同じ福祉業界の事業だけでなく、報酬には頼らない他のビジネスを始めて利益を確保するのもいいと思います。つまり、複数のビジネスを持って大きくして、報酬の条件が悪化しても事業を運営していけるように体力を付けることを目指すのです。

もちろん他のビジネスも甘くはありませんが、福祉事業を軸としながら掛け合わせることも一つです。たとえば「女性の社会参加」をテーマにエステサロン×企業主導型保育園、「障がい者の社会参加と働き手不足の解消」をテーマに飲食店×就労支援など、掛け合わせることで双方の弱点を補填し合い、発展させることができます。

弊社では障がい福祉事業の横展開として「グルホネット」という検索サイトを運営しています。障がい者グループホームを検索できるサイトで、今後活性化しそうなカテゴリーに合わせてプラットフォームを作ったオンラインサービスです。この収益を別の柱にして、福祉事業の報酬以外で経営していける道を一つ作ったわけです。

報酬改定に対応し事業を継続し続けるには、別の収益ビジネスを考えるなどして、企業として変化を続けることが肝要です。同時に固定費などの経費を削ることも考えなければなりません。しかしながら、固定費を大きく占めるのは人件費です。そこを削ることは望ましくありません。なぜならスタッフの満足度がその事業を支えてくれることになるからです。

ドミナントを意識する

多方面にアンテナを向けておいたことで相乗効果が生まれ、早期に高い稼働率を出すなど経営上多くのメリットも生まれました。しかし「ドミナントの意識」という要素が欠けていました。ドミナントというのは、マーケティング用語で狭い地域に集中して事業展開することで経営の効率が上がるという意味です。

福祉事業の場合、事業所が近隣にあると職員相互でフォローし合えたり、その地域で評価を得ていると、効率よく事業を展開できます。

弊社は広い地域での需要を掴み多角化を進めた結果、大阪府内でも離れた地域に次々と事業所を出したため、各事業所間が車や交通機関での移動に一時間以上かかる立地になってしまったのです。もっと近隣で事業所を立ち上げれば経営効率が上がるということが後になってわかり、そこは反省点でもあります。

理想の事業実現に向けてのヒント

なぜ福祉事業で起業するのか

福祉の世界で起業しようとされる方、すでに起業されている方の多くは、福祉の現場に精通した皆さんです。

そして、福祉の世界を知った上で起業しようとされる皆さんは「利用者様にこのようなサービスを提供したい」「もっと従業員が働きやすく」などなど、明確な理想を描いています。

私も同じですが、資金面や条件面などがハードルとなり、初めから思い描く事業で起業することが困難という皆さんも多いのではないでしょうか。

最初から十分な資金や条件が揃った上で起業するというケースは、ごくごく稀です。すぐに理想の事業はできないかもしれませんが、先々実現することは可能です。

起業時に必要な資金は

起業してすぐのタイミングでは、ごく限られた資金しか用意できないケースがほとんどなのではないでしょうか。もともと資産があったり、何かの弾みで巨額の資金を手にしたりしない限り、サラリーマン出身の二十代や三十代が貯金一千万、二千万あるというのは稀なケースでしょう。

起業にも事業拡大するためにも、当然資金が必要になってきます。起業を目指す人にとって自己資金、最初にどの程度のお金があれば起業できるのかという疑問や課題があるはずです。

まず創業時に二百万～三百万円の自己資金があれば、日本政策金融公庫から一千万円程度の融資を受けられる可能性があります。それは事業計画、自身のキャリアに加えて、立ち上げようとしている事業がどれだけ社会貢献できるのかという説得力のあるプレゼンができることが条件になります。現在は自己資金要件のハードルが下がり、創業資金総額の十分の一以上あれば借りることができます。

もし一千万、数百万円の資金を調達できれば、たとえば障がい福祉事業の日中系サービスなどの事業なら立ち上げることが可能なので、起業するには、まず二百万円以上の自己資金を作ることを目安にするといいでしょう。

起業後にも事業を拡大していくためには金融機関から融資を受ける必要があります。ただ、起業したばかりだと実績がないため融資枠は限られます。そのハードルを越えていく手段はいろいろあるかと思いますが、私が選んだのは極めて経費が少なくて済むコンサル業で資金をプールしつつ実績を積み、金融機関への信頼度を高め、融資のハードルを下げるというやり方です。

創業融資を受ける際、その業界において資格を保有していたりキャリアを積んでいると、有利に働きます。たとえば介護福祉士の資格を取得して数年デイサービスの勤務を経験しますと、「現場を熟知し、集客も理解しています。これからデイサービスを立ち上げようとしているんです」と事業計画を用いてプレゼンすれば金融機関の印象が良いでしょう。

遠回りの重要性を知る

福祉業界を取り巻くさまざまな状況を踏まえ、私が起業当時に選んだ職種がコンサルティングでした。その事業で一年目になんとか一千万円程の売上を達成でき、その売上を足掛かりにして次の事業展開につなげました。

起業してしばらくは私も資金面で苦労し、理想の特養やデイサービスを運営したかったのですが難しい状況でした。だからまずコンサル業を行ったわけで、つまり一度遠回りした、ということです。叶えたいこと、やりたいことのために少し遠回りをすることが一番の近道であったり、実績や経験を重ねるチャンスでもあります。

たとえば「保育園を開業したい」という相談をいただいたことがあります。保育園にもさまざまな類型が存在します。多額の設備や申請書類の準備、公募制などという縛りもあるため、やりたいからといってすぐにできるものではありません。綿密な資金計画や、運営実績のある法人として手を挙げ、行政などにプレゼンして認めてもらうことでようやく開業できる、というケースが基本です。「保育士のキャリアが長いので、理想の保育所を作りたい」というだけではステージに上がれないのです。

しかし保育所とは違うけれども近い他の形、たとえば児童発達支援などの就学前の障がい児のための保育園的な事業であれば、もっと低いハードルで開業することが可能です。まずはそういう事業で実績を積み、その上で保育所の開業実現を目指すこともできるわけです。その相談者はそのようにされ、保育所のオープンに向けて着々と準備中です。

私も起業して以来、チャレンジしたくてもすぐにできない事業があると、遠回りしてチャンスを作りました。

コンサルティング業を続けて一年後、私が次のステップとして選んで立ち上げた事業は念願だったデイサービスではありません。障がい者の就労継続支援Ａ型事業所でした。現時点では一般就労が難しいけれど、一定の支援があれば働くことができる人を対象に雇用契約を結び、就労を支援する障がい福祉のサービスです。高齢者の分野にはないタイプの事業でした。

活況が期待できる障がい福祉

私が起業した時期は介護保険が始まってから十年以上が経ち、高齢福祉事業者は増えて競争が激しくなっていました。その一方で「障害者総合支援法」が施行され、障がい福祉の分野の規制が緩和され株式会社等の民間の参入が容易になりました。私が特養に入職した際の介護保険制度が始まったのと類似した状況でした。

これまでの介護保険サービスの変遷の中で、早いうちに手掛けていたら大きな収益が出せたであろう事業、それが三年に一度訪れる報酬改定によって運営が厳しくなっていくといった実情を間近で見てきました。つまり介護保険サービスに精通していたことから、総合支援法の読み解き方も概ね理解ができていました。だから障がい分野は、まさにこれからと確信しました。

高齢福祉分野と障がい福祉分野の事業の共通点や違いを調べていきました。介護保険によるサービスはそれぞれの分野の競争が始まると、多くのユニークなサービスが生まれました。手厚い医療ケア体制、ダンスホールや居酒屋がある老人ホーム、温泉付きデイサービスなどなど。見事に競争原理が働いて、利用者様が魅力的なサービスを選べる状態になってきています。提供する事業者にとっては競争に勝ち残るための努力が必要になるので大変ですが、利用者様としてはサービスを選べる豊かな時代に確実に変わってきました。

障がい分野はまだ競争原理が働いていなかったぶん、これから新しいサービス、あるいは既存のサービスに工夫することで需要が高まるものがどんどん出てくると思っています。

就労支援事業所は作業所で、似たような軽作業を提供している事業者が多いのが実情です。障がい者の法定雇用率は年々上がり、並行して障がい者数は増加の一途。それなのに働く先、選べる仕事内容は限られている、といった状況でした。サービスごとに若干の差はありますが、十年を経た現在も現状はあまり変化していません。

インクルージョンの歩み

ここまで説明してきたのは、私が起業前のリサーチ、起業後の実務や経験を経て学ぶことができた、福祉事業を起業する上で必要な基本的知識です。

ここからは、起業してからおよそ十年の間にインクルージョンがどのように歩み、私がどのように行動してきたかについて説明したいと思います。

弊社は経費が少なくて済むコンサルティング事業を中核として起業しました。一年目は私の一人会社で、一千万円程の売上を達成できました。しかし、いくらコンサル事業が人件費程度しかかからないとはいえ、フロービジネスです。ランニングで収入を得られるようなビジネスではないので軸足となるような事業を早くスタートする必要性を感じていました。

初の事業所・就労継続支援A型

弊社が起業してちょうど一年が経過した頃に、初の事業所として「就労継続支援A型事業インクルージョン　天王寺事業所」を開所しました。

開所当時はさまざまな障がい者雇用の事業が始まったばかりで、中でも就労継続支援A型は目玉事業でした。従来の福祉就労では、利用者様とは利用契約しかできませんでした。ところがA型では雇用契約とダブルになる、つまり利用者様を支援しながらも雇用することになります。

最低賃金以上払うのがルールであることから、事業所を出せば多くの利用希望者が殺到するような状態でした。次々と開所した事業所は、概ね半年から一年掛けて二十人の定員に達するのが平均でした。弊社は二カ月でフル稼働を達成しました。

運営する側にとって、新しい事業は好条件であるという利点もありますが、弊社ではこの就労継続支援にさまざまな可能性も感じていました。

障がいのある人に、これからの時代に適した技術を身に付けてもらうとしたら、ウェブ関係がその可能性を秘めています。ひと口に障がい者といっても身体、精神、知的という種別に分かれており、人それぞれ障がいの度合いも異なりますが、ホームページ作成、ウェブデザインなどのスキルを身に付けられる人は多いですし、もし弊社の事業所を辞めたとしても、これからの時代に適した手に職が残ります。これまでの就労支援事業者は、単純な作業や掃除、お菓子作りなどを主とすることに私は疑問視していました。障がいの有無にかかわらず、仕事内容を選択できる社会がいいと。

就労支援事業所にはA型とB型があり、A型なら風営法に関わること以外どんな仕事でもできます。弊社では当初から、就労支援事業所ながら一般のオフィスのようにし、一般の会社員と同じように働けるような仕組みを作ることを目指しています。そこが好評だったのか、開所して二カ月で定員に達することができました。

既存の事業とも好相性

その就労支援事業所では、弊社が継続していたコンサルティング事業に必要なパンフレットや名刺、ホームページを自社内で製作することができました。

当時の弊社のように資金の少ないスタートアップ事業者にとって、そうしたツールを格安に作るのは助かることです。そうした事業者に対してある程度格安で、でもクオリティーは高水準、それでも利用者様には高単価の仕事として還元できる、というポイントを売りにしました。

私にホームページ作成やデザインのスキルはありませんでしたが、知り合いを辿ってプロのデザイナーなどに利用者様向けの技術指導を依頼しました。その事業所では現在も継続しており、時代に合わせて今ではTikTokの動画編集などの作業も行っております。

放課後等デイサービス

就労支援事業所での障がい者の支援を通じて、どうしても社会性を保持し難い方にたくさん出会いました。A型の利用者様は大人が対象ですが、子どものうちから訓練や教育、つまり療育の必要性を考えるようになりました。一般就労の可能性を少しでも拡げて差し上げたい、そのことが次の事業に挑戦するきっかけにもなります。

ちょうどその頃、「放課後等デイサービス」が始まりました。

障がいや発達に特性があり、支援を必要とする小・中・高の就学児童が、放課後や長期休暇に利用できる新たな事業です。これまでの傾向からもスタートしたばかりの事業だったので高い収益を上げられることも見込めました。

そこで第二の事業所となる「児童発達支援・放課後等デイサービスいんくるーじょん東

淀川事業所」を開所しました。こちらも開所間もなく定員に達することができました。開業する地域の市場調査を行い、どのようなサービスが求められているのか、子どもやご家族の困り事などを関係機関に直接聞くなどしました。そのような利用者ニーズを摑んだ特色のある事業所であることを開設前に周知できていれば、集客は難しくありませんでした。特別支援学校の先生や地域の保護者会に接触し、開設前の魅力的な見学会に多くの人にお越しいただくように準備するのです。

これら二カ所の事業所を皮切りに、弊社では「日中系サービス」と呼ばれるサービスを中心に、新たな事業所を立ち上げていきます。就労支援、グループホーム、児童発達支援放課後等デイサービスなどがそれに相当するサービスです。これらの日中系サービスは概ね数百万〜二千万円ぐらいの間で立ち上げられる事業です。感じた社会課題解決に対してダイレクトに携わることができ、特養などの老人ホームなどに比べて資金調達も少しで済む。今このタイミングで起業を考えている人に適している事業だと私は思います。

拡大の中での学び・気づき

農福連携でのミス

就労支援事業所Ａ型、放課後等デイサービスが成功し、次に挑んだのが「農福連携」への参入です。二カ所目の就労支援事業では、障がい者が農業に携わる仕組みを作り、障がい者の社会参加を促しつつ、農業の労働力不足を改善することを目的に始めました。

その頃、生活拠点にしていた大阪の八尾市は畑や田んぼが多く、それを維持している農家の皆さんに次々と提案しましたが断られ続けました。そんなことを繰り返すうち、若手の二代目農家さんが話に乗ってくれました。障がい者雇用についてプレゼンすると「うちに来てください」ということになり、その農家さんの元で農作業をさせていただけることになります。

農家さんに提案して農地や施設をバリアフリーにしていただき小松菜の水耕栽培を始め

て、稼働率は八〇%と悪くない数字になっていました。ところが、報酬改定により条件が悪化してしまったのです。八〇%という高めの稼働率にもかかわらず、月何十万円もマイナスが出てしまうようになってしまいました。当初定めた加算の取り方を見誤っており、法改正後の条件だと採算が合わなくなるため、結果、赤字が出てしまう。痛恨のミスでした。さらに農作業に関して夏は暑い、汚れる、面倒などの理由で少しずつ利用者様の意欲も下がり欠席などが目立ち、結果として、その就労支援事業からは撤退を余儀なくされますが、この失敗を教訓に新たな事業を現在計画しています。その事業については第5章でご紹介します。

企業主導型保育

次に着手したのが「企業主導型保育」です。

以前から私は「子ども連れ出勤できるシステムがあるといい」と考えていました。出産しても子どもがいることで働けない人が多いという社会問題が半ば慢性化しており、その頃は「保育園落ちた、日本死ね」というネットへの投稿が話題になっていました。

そうした状況の改善と自社での女性職員の働きやすさの向上に、少しでも役立ちたいと考えていた折、内閣府が始めた新事業が企業主導型保育です。まさに、子どもを連れたまま出勤できるシステムの保育所を設立できる事業で、従来保育所事業を所轄する文科省と厚労省ではなく、内閣府直轄の事業です。スピーディーに申請して保育園を立ち上げることが可能なこと、開設に当たっての整備費が多いなどのメリットがありました。

いいタイミングだと判断し「企業主導型保育いんくるーじょん保育園」を天王寺と八尾JR久宝寺、二園をほぼ同時に立ち上げます。

同じ福祉事業でもジャンルごとに提供するサービスは異なります。それまで手掛けてきた障がい系事業ではなく、初めての保育系の事業でしたが、集客する上でやるべきことは共通しています。さまざまな聞き取りを行い、徹底的に園児、保護者目線でコンセプトを作り込みました。また働く保育士たちにとって、働きやすい環境を整えることを意識しました。園児にはさまざまな体験を経て、不確かな時代だからこそ、考える力を。そして他者への思いやりを。「自分も他人も愛せる心豊かな子を育む」という理念を設定しました。保護者様には既存の保育園への不満や課題を解決する形に。常時子育ての課題などの保護者に寄り添う、想いを持った保育士を手厚く配置し、なるべく登園など負担を減らせるよう「手ぶら登園」を実施したり、急なときでも利用できる一時保育の設置。保育士には、待遇を相場よりも向上させ、残業をさせない、少人数制の定員にすることで、しっかり子どもに向き合えるように、ICT化を用いて、事務負担を減らせるように。そして地域には毎月、園を開放して、子育て相談などに応じられるようにしました。企業主導型の保育園もオープンして間もなく定員に達することができ、その成功が次のステップへとつながりました。

認可保育園再生の依頼

新たな保育園は地域や保護者様などから評価をいただくことができました。その矢先、弊社の保育事業を担当しているスタッフのFさんが、ある認可型保育園の譲渡案件について相談をいただきます。調査してみると、そこは虐待が行われていたことが発覚した保育園であることがわかり、当然ながら在園児は、どんどん離れているのが現状でした。

すでに悪評が定着しているだけに、新規の入園の見込みが難しく、立て直すことは相当な困難が予想できました。しかしFさんには「なんとしても再生させたい」という並々ならぬ熱意があり、私にもFさんとなら再生できるという期待がありました。そこで、その保育園を保有するNPO法人を弊社でグループとして受け入れ、Fさんに経営を任せる方向で話を進めました。また、保育の現場に精通する者がいないと正確に舵を取ることはできません。「いんくるーじょん保育園」の統括園長に事情を話し、なんとかこの立て直しに協力してほしいことを依頼しました。地域も大阪府から兵庫県と広がり、二園を統括する園長が異動することは、私としても大きなダメージでしたし、当然ご本人にも大きく負荷がかかることは予想されていました。ですが、彼女は受けてくれました。しかも、一切の給与や待遇などの条件交渉はなさらずに。

もともと虐待があった保育園だけに、ネットでの評判も最悪でした。その悪評を逆手に取るように「過去最大の地元から愛される園にする」と謳い、私自身も行政への折衝や保護者会の開催などを地道に行い、少しずつ方針を理解していただきました。その結果、異動した統括園長の現場職員への丁寧な指導も含めた頑張りもあり、譲渡を受けてから一年で軌道に乗せることができました。

理想的な事業拡大への確信

その認可保育園をグループ化したことで、事業を拡大していく上での考え方、方向性が、弊社の中でより明確になっていきました。

それまでも弊社では、起業を目指している従業員を積極的に応援する方針でした。「就労支援事業所を地元の兵庫県で開設したい。そのため一年間だけ御社で修業してノウハウを身に付けたい」という方には、「よっしゃ。頑張り!」と一年間雇用し、晴れて彼が本当に一年後開業したことも誇らしいことでした。時系列は前後しますが、直近では弊社の経営指導先のクライアントさんが、高齢により訪問介護と居宅介護支援事業所を弊社に事業譲渡された際、その後、弊社で起業を志す若手職員Tさんに譲り、彼は晴れて起業しました。Tさんももともと何らかの形で起業したいという希望があり、それを叶えるための経験を積みたいと弊社に入ってきた従業員です。

再生の相談を受けた認可保育園は、蓋を開けてみると想像以上に厳しい状況でした。しかし、やるべきことをやり難関を乗り越えれば、相談していただいた行政機関への信頼度を高めることができ、従業員Fさんの希望を達成する応援もできます。だからこそ弊社としてチャレンジすることを判断しました。

会社としても潤い、虐待という社会課題を、わずかながらでも一つの企業として吸収することができたこの経験は、とても貴重なものです。ただ事業を拡大するのではなく、困難に立ち向かう努力と姿勢を重視することで、より大きな意義のある事業拡大を進めていけると確信できました。

福祉事業運営の三原則

立ち上げる事業を軌道に乗せられるようになると、自身の成功体験も踏まえることで、コンサルティング事業にもさらに自信が持てるようになりました。周囲から評価をいただき、実際に相談件数も増えていきました。

事業が拡大していくにつれ、私はさらに経営というもの、福祉事業であれば利用者様に集まっていただくためには何が必要なのかということについて掘り下げて考える、まとめるようになりました。それは次の三つです。

一つ目は「理念とストーリー」です。どういう理念において、どのようなビジョンを持って私たちは事業を運営しているのか。その理念を、なぜ私たちは持つようになったのか。これらを常に表現し続けること。自身で理念と事業の関連性を見直すのが事業計画を作る際にやるべきであるとすでに説明していますが、そのストーリーを内外に向けて発信し続けるのです。

二つ目は「事業の立ち上げ前に見込み客を作ること」です。こちらも起業する際のポイントとして説明した通りです。

そして三つ目は「よそ様に無い強みを事業に必ず持たせる」。ビジネス用語でいうところのUSP（ユニーク・セリング・プロポジション。顧客から見た自社独自の「売り・強み」のこと）を持たせるということです。文字通り、自分たちのサービスに魅力を持たせることで、他の事業所との差別化を図らなければならないということです。

この三つの要素は密接に関係しており、福祉事業においても不可欠です。これらの重要性を認識していく中で、私の中でもう一つの重要なキーワードが根付きました。福祉の世界ではあまり重きが置かれない「マーケティング」です。

「マーケティング」という発想の重要性

経験と共に「営業力」の重要性を実感

事業が拡大していくと共に、私はマーケティングというものの重要性を認識するようになりました。利用者様が集まって稼働率が上がらないことには、事業を安定させること、利用者様やご家族に喜んでいただけるサービスを提供することも、事業を多角化していくこともできません。

事業が拡大していくと共に、弊社のスタッフも力をつけていきました。前職、創業当時から一緒だったＭさん、施設長からスカウトしたＦさん。スタート時には二人が中心で、その後に事業部長になるＴさんが加わり、この三人が幹部として弊社を支え、事業統括から総務、労務、税務、事業開発などを、中心メンバーとなり頑張ってくれるようになりました。

幹部がスキルアップすることで、私は現場を極力離れるようにしました。私はプレーヤーから外れ、現場のスタッフが自分の意思を推し量りつつ、裁量を発揮して仕事に取り組んでもらえるようにしたのです。

そうしたことでできた自由に動ける時間を、私は自身のスキルアップにあてました。マーケティングのスキルアップのためです。

高度なマーケティングを学ぶ

それまでは事業申請や開設のノウハウもあり、集客のやり方も自分なりに理解していました。しかし、もっとしっかりマーケティングや経営戦略を自身で策定できたり、相談にいらしたクライアントさんにより的確に伝えられるようにならなければいけないと感じるようになっていました。

そこで、マーケティングや経営戦略を学ぶことができる経営大学院に入学することにしました。その学校は経営者の中では有名で、参加者は経営者だけでなく一流大学を出た人、大企業の中間管理職の人などが来ており、授業で使う書類の作り方、ロジック、何もかもがハイレベルで驚きました。

当然、講義も非常に高度でかつさまざまな事例に触れる興味深いものでした。一方、どこか物足りなく感じることもありました。たとえばあるケーススタディで「ある工場が事業譲渡されたが、職員が新体制に馴染まない。こういう場合どうするか」などというテーマが出てくると「この数字がこうなので、次にこうすべき」という意見が大半です。それは論理的で洗練されたやり方であることは理解しますが、実際はもっと泥臭く、不安、期待、妬みなど感情面がうごめくはずです。それらを他社様や自社のケースを通じて体感してきました。

実際の経営は、理論や理屈通りにいくものではないと思いつつ、上場企業のホープや他事業を経営している方、魅力的な講師とお話しできる機会は非常に貴重な学びでした。事業が多忙になり、結局その学校を卒業できませんでしたが、出会った方とのご縁は続いており、経営やマーケティングにおける基礎的な知識を身に付けることができました。

外部に支援チームを立ち上げる

起業して以来、いくつかの失敗もありましたが、事業はそれなりの数字を出しつつ順調に稼働していました。そのうちにセミナーなどの講師として呼んでいただく機会も増え、セミナー講師をさせていただいた会計事務所さんのご縁で出版社をご紹介いただき、介護業界の専門誌に障がい福祉事業の専門家として執筆させていただきました。そのように私自身の露出が多くなっていき、初めて著書を出版する話をいただきました。

本業の運営とは少し外れるかもしれませんが、私が目指すこと、考え方を伝えることで業界をもっと良くしたいと考え、その一環として著書を出版させていただくことを決めました。

その出版に際して、新たな試みをしてみました。これまでの事業運営ではやったことがなかった「講演会支援チーム」のような外部の支援チームを作ることです。

「人様の困り事を解決したい」という幼い頃からの私の性質は、本業となった福祉の世界だけにとどまらず、ご縁のあった方など多方面に向けていました。反面、自分に対して助けを乞うことはありませんでした。

自分のノウハウと想いを込めた著書を少しでも多くの皆さんに読んでいただきたいという想いがありました。もっと福祉業界を元気にしたい、自分のような者でも一応はここまでやれると、誰かの勇気に変えられれば。そのような想いを伝え、本の出版と同時に出版記念講演が決まったタイミングで、私は初めて自分からのお願い事として、周囲の人たちに講演会支援チームの立ち上げを依頼しました。出版に向けたクラウドファンディングにも初めてチャレンジし、達成することもできました。

それまで関係性を築いてきた外部の経営者、友達、先輩後輩に声掛けすると、約二十人の支援メンバーが集まってくれました。そして出版講演会には約五百名もの来場があり、会場があふれるぐらいの大盛況でした。

福祉事業における「営業」とは

知っていただく努力が重要

福祉事業とマーケティングという二つのワードは、これまで無縁と考えられていたのではないでしょうか。

営業をすると聞くと「契約を取らなければいけない」という考えに陥りがちです。最終的には実際に契約を取る必要があるわけですが、直接契約を取りにいくのではなく、まずは「知ってもらうこと」に重点を置いた営業を行います。たとえば各関係機関、学校関係者などに「新しいデイサービスをオープンします」ということを告知する場合、肝心なのは「こういう理念や強みを持ってオープンするので、ぜひ見に来てください」という自分の事業所のスタンス、考え方を明確に伝えることです。たとえば地域の人に協力をいただき、夏祭りなどとタイアップできたら「地域の人を集めてお店も出すので、どんな所か一度ご見学にお越しください」という営業です。

弊社では職種に関係なく、営業活動をします。私たちを知っていただくことに主眼を置く営業なら専門職にとっても精神的な負担が少ないです。関係機関の人たちに、お役に立てそうな情報という手土産を持っていくようなイメージです。

もちろん準備は万全に整えておかなくてはいけません。スタッフのホスピタリティが溢れ、サービス内容も洗練されている、環境整備がされている……。そうした強みをしっかり設計しておいて、関係者に見ていただき、話をします。

関係者の皆さんにお越しいただけると、むしろ「契約してください、利用してください」という話はしません。信頼いただけると、先方の方から利用したいとおっしゃっていただけるという実感があります。

スタッフ一丸でマーケティング意識を持つ

その代わり、関係機関に向けて自社の事業所の見学に「足を運ぶ理由」を作ってください。たとえば弊社の見学会では「誰を呼びたいか」というターゲットに応じて内容を変えます。専門機関や事業者関係など利用者様をご紹介してくれる機関を呼びたい場合は「あの人たちは今、成年後見制度のことについて検討している」ということであれば、精通している専門家に依頼をかけて成年後見講座と見学会をセットにします。「ケアマネさんが最新の法改正のことを理解していない」という場合は、私たちは法改正の情報を最前線でキャッチしていますと、ケアマネジャーさん向けの講習会と見学会をセットにしていく。そういうプログラムで来ていただくようにしています。「私たちが利用者様を紹介してほしいから」ではなく「皆さんのお役に立ちたいから見学会をやります」というスタンスなら、先方に来ていただく理由を提示しやすいのです。

エンドユーザー向けであれば「発達障がいの子どもへの関わり方」、「介護者のための腰痛にならないケア講座」、あるいは福祉業界やその周辺で著名な方に協力を仰いで講演会などをセットにしてもいいでしょう。子どもに来てほしいなら、喜びそうな屋台、ゲームやおもちゃを用意したり、お菓子の詰め合わせを粗品として持って帰ることができるようになど、来ていただきたいターゲットに対して「足を運ぶ理由」を作ることを重要視しています。

ここで紹介したのは、一つの手法です。福祉業界で起業しようとするのは、福祉の専門職に携わってこられた方々も多いのが実情です。そして多くの方がケアは一流でも、経営やマーケティングに関しては不慣れであるケースが多いというのが、もう一つの実情です。一流プレーヤーと一流経営者はイコールではありません。

私が起業を前提に福祉業界に飛び込んだことは前述しました。しかし当初から明確にこれらの意識を持っていたわけではありません。経験を積むうち、差別化しなければ、集客方法をデザインしなければ利用者様に喜んでいただけない、つまり事業を継続できないということが感覚として身に付いていきました。そして、それを言語化できるよう訓練しました。

事業所の強みを炙り出し、お越しいただく仕組みを言語化できると、やがて大手ハウスメーカーのサ高住運営コンサルの依頼、障がい福祉のセミナーなどの講師の依頼が増えていきました。少しずつ露出が増えるとコンサルティング事業への相談も安定的に入ってくるようになり、ようやく弊社の運営が軌道に乗ってきたと感じることができるようになりました。

集客のためのマインドセット

理念を伝えるという営業の基本

　福祉事業で安定した経営を維持するには、利用者様を増やす、事業所の稼働率を上げることに尽きます。稼働率と共に収益が上がることで、利用者様に対して私たちが目指す手厚いサービスを提供することが可能になるからです。稼働率を上げるために不可欠なのは、集客を図ることです。

　これまで書いてきたことと多少重複するかもしれませんが、私なりに実践してきたやり方をまとめてみたいと思います。

　福祉関連の事業所を運営している人の中には「そもそも集客のやり方がわからない」と悩まれているケースが多いのではないでしょうか。事業所のスタッフは、たとえ専門職であっても営業していかなければいけない、集客や利用者様獲得のために機能する必要性があることは説明しました。その上で、弊社で実践している営業活動について、できるだけ具体的に説明させていただきます。

まずは企業主導型保育立ち上げのところでも触れた通り、皆さんが運営されている事業所の「強み」と「ストーリー」を、しっかり露出してください。自分の事業所の強みをしっかりと浮き彫りにし、事業所としての想い、理念を、ストーリーとして言語化・露出していきます。それを関係機関などに対しての口頭での説明時、ＳＮＳやホームページ、チラシなども含めたあらゆる媒体やメディアで表現してください。

強みを伝えるというのはマーケティング的に重要な要素です。強みというのは、よそとは違う、ここにしかないオリジナルのよさがあるという意味です。

理念、ストーリーを言語化した上で、利用者様を獲得するためにさまざまな方面に向けて営業していきますが、その営業活動を単発で終えたり、無作為でやるケースが多いようです。「とりあえず時間があったら営業に行きます」や「とりあえずパンフレット持って案内してきます」というのはＮＧです。営業に行くのであれば、しっかりとしたトークスクリプト（話す内容を決めた台本）が必須であり、待ちの営業をするのであれば、「スタッフ一丸でマーケティング意識を持つ」のページで一例を紹介した通り、来客に対するクロージングのあり方、仕掛けが必ず必要です。

営業を「仕組み化」する

営業は事業所の中で「仕組み化」し、部署や担当者も決めて業務の一環にするといいでしょう。ＳＮＳに強い人が情報発信したり、外に出る機会が多い人、営業にやりがいを感じるスタッフなどを担当者に据えられるとベストかもしれません。

その上で、営業活動を毎月、定量的にやっていく仕組みを作っていきます。たとえば「来月は二件の体験利用者が来る。体験利用からのクロージング率は計上五〇％なので、利用者様を一人獲得するには十件訪問営業しないといけない」という定量的な分析の元で営業できれば効率も上がり、担当者の負担も軽減されます。

福祉業界では、こうした営業の仕組み化、恒常的に続けるための体系化まで着手していない事業者が多いと感じています。

福祉系の事業所が、不慣れな営業を仕組み化していくのは大変な作業かもしれません。仕組み化にはいろいろなパターンがあると思うのですが、たとえば、月三十件超えという計画を立てた上で訪問営業していくという形が決まったとします。しかし担当者によっては、「他の業務との兼ね合いでできなかった」ということを口にするでしょう。

そうした状況で必要なのは報告、連絡、相談、確認、いわゆる「報連相」プラス確認です。弊社の場合は、営業の結果を毎月発表してもらうようにしています。

各事業所から実際の数字と現状が報告されてくると、目標達成のためにどのような活動をしているのか、改善点は何かと検討できる機会、会議やミーティングを設定し、担当者が報告でき、担当以外の人間が情報共有、現状認識できるようにしています。

その場で数値分析などをすると、たとえば「百件のメールのうち反応があったのは五件、確率では五%だから、五件しかテレアポが入らない。テレアポは月五十件入れたいから、十倍の千件分のメーリングリストを製作しましょう」という、具体的な営業課題が見え、次にやるべきことを決めることができます。そうした作業を一過性でなく繰り返していきます。

弊社の場合は、仮に目標達成ができてなかったとしても、目標達成に対して動いたことに関してはしっかり評価します。言葉でねぎらうのはもちろん、第4章で詳細を説明しますが、担当者の人事考課でも評価するようにします。

その反面、ルールも必要です。弊社の場合は複数の事業所を交えて数値発表をしてもらいます。目標達成できなかった担当者の立場は悪くなりますが、奮起を促す狙いがあるわけです。おそらく、どこの営業会社もやっていることだと思いますが、福祉の世界ではあまり例がないかもしれません。担当者に対して褒めるところは褒め、評価するところはしながらも、できていない点は指摘しないと、従業員は成長しません。成長しない従業員は、弊社以外でも重宝されないはずなので、彼らを想うからこそ、真摯に向き合う必要があると考えます。

小規模の事業所でも実践を

ですから、弊社は売上や利益率に関する数字はガラス張りにしています。もし、他の事業所に比べて数字的に良くなかったところがあれば、それは何かしらの原因があるからです。その原因が何かを日常的に話し合ったり、他の事業所の長所や取り組みを真似し合ったり、逆に悪いところは課題解決して、みんなで生かしていこうね、というスタンスです。

こうした活動は小規模の法人の場合だと、「手が回せない」というケースが多いかもしれません。仮にできていたとしても、現場に職員が抜けている状態で会議などしなければいけません。

ただ、小さな事業所なりの長所もあります。意思決定や伝達が迅速に行えることです。たとえば一カ所だけの事業所であれば十人の職員さんに伝わればいいのです。それこそ従業員一人一人に話ができるわけですから、大きな強みといってもいいでしょう。小規模な事業所が営業体制を作るのは難しいけれど、私がコンサルしている事業所にはここで説明した体制づくりを必ずやってもらいます。目標や現状を共有すること、そのための機会の設定をすること自体が大事です。

大きな試練を迎えて

仲間からの叱責

起業して以来、どの事業も順調に稼働しました。並行して露出する機会も増えていきました。自著を出版できた頃には、今思うと私の中に慢心があったと思います。

出版記念講演会が終わった数日後、私は同業の経営者Mさんとお酒をご一緒する機会がありました。彼は創業期が約五年ほど私より早く、年齢は私より五歳下です。講演会の成功を評価してくれ、あれこれと話題が変わっていく中で、酔いも手伝った私は何気なく口にしました。もう福祉事業経営はこのくらいでいいかなと思ってる。本音ではなかったかもしれませんが、そこそこの結果が出せていたこと、全力でやり切った出版イベントの盛況と安堵から、思わずそのような言葉が出たのでしょう。すると彼は怒り出しました。

当時経営者として十五年、がむしゃらな努力を続けながら年商百億まで目前に来ている彼は、私に対して「あんた世界で福祉やるんちゃうんかい！　俺には十人ほど創業期が一緒の仲間がおるけど、あんたはその中でも切磋琢磨できる別格やと思ってたわ。なのに、ここで止まるって、その程度の想いやったんかい！　何が誰もが笑って暮らせる社会を創るやねん！」と、本気で言い放ってきました。彼は長年かけて大きな収益を上げられるようになりました。しかし、決して満足していませんでした。お金を稼ぐためだけではなく、福祉事業を通じて人に尽くしたいという信念の持ち主だからこそ出た言葉です。

私は目が覚める思いでした。今の時点で満足している程度ではいけない。初志に立ち返り、また気持ちを入れ替えて頑張らなければ。彼の言葉に、つくづくそう思わされました。

その出来事があった矢先、思いもしない事態が発生します。複数の職員から一斉に辞職を突き付けられたのです。先に紹介したMくん、Fさん、Tくんの三人と創業期から一緒だった事務員を含めた四人、全員が幹部として弊社の骨格を支えていた職員でした。

従業員への無配慮が招いた危機

私は起業にあたって「誰もが笑って暮らせる社会を創る」という経営理念を掲げ、その理念を迅速に実現するつもりでした。そのためには確固たる覚悟が必要だと常に自分に言い聞かせ、走ってきました。幹部のみんなも熱い想いを持ちながら懸命に頑張ってくれていたおかげで事業が順調に進んでいたことは事実です。私はみんなに感謝していたことは間違いありませんが、一方で物足りなさを感じ、彼らのやることなすことに不満が芽生えていくようになっていたのです。本気で事を成す覚悟があるのなら、死に物狂いでやってくれ。多少の時間は犠牲にしてがむしゃらに学んでほしい。始めたばかりで実力の伴わない会社であるからこそ、そのように要求するのが当然だと勘違いして、何かにつけて指摘するようになってしまいました。なぜできない、情熱が足りない……彼らが出した成果は評価せずに、できていないことに目を向けては叱責するばかり。声を荒げることこそなかったものの、「ありがとう」とか「お疲れ様」、「ごめんね」という言葉が足りなかったのだと、今になって思います。ねぎらいどころか「今日私は一キロ歩いたよね。でもあなたたちは、なんでたった百メートルしか歩けてないの？　それでは会社は大きくならないよ。あなたも稼げないよ。一緒に夢を追いかけるはずじゃなかったの？」。そんな言葉を投げかけてばかりでした。事情は異なりますが、退職した幹部のみんなからは、私が最初に就職した法人の施設長と同じように映っていたかもしれません。

そんな私なのに、それなりに外部から評価される、会社は大きくなっていき幹部の負担もどんどん増えていく、私からの要求のレベルも上がっていく、でも幹部たちに対するねぎらいはない。これでは不満が出て当然です。私が出版で成功しても、面白くなかったことは容易に想像できます。

退職を告げられた時に彼らに本当の理由、本音を直接聞くことはできませんでした。退職後に聞くことになるのですが、ある幹部には「一人の人間としての藤田さんは好きだけど、インクルージョンの社長としての藤田さんは大嫌いです」とはっきりと言われました。

退職の旨は四人が全員一斉ではなく、一人ずつ伝えられました。でも辞める時期は全員三月の末でした。このメンバーの一部は、退職直後に別の場所で就労支援事業所を一緒に開業したそうです。

よく「悪いことは重なるもの」と言われますが、その幹部の集団退職の直後に私は入院することになってしまいます。首と腰が同時にヘルニアになり、立てなくなるほど悪化したのです。腰はオペが必要でした。それまでなりふり構わず仕事にかかり切りだったことによる身体への負担、慣れない出版、信じていた職員が退職するショックからの精神的負担、その全部が一気にのしかかってきたような感覚でした。

会社のブレーンや心臓部に当たる人材が一斉にいなくなってしまったこの時が、起業して以来最大の危機でした。腰のオペは成功して入院から数週間で退院することができましたが、これからどうしたらいいのかという道筋はないままでした。

新しい仲間がやって来る

そんな時、一本の連絡が入ります。第1章で紹介した、小学校五年生の時に私と対峙し、結果的に仲良くなった「彼」ことMからの連絡でした。Mは良好とは言えない家庭環境の中でも勉強を重ねて海外の大学に進学後、海外で金融業界の職に就いていました。大きなステージでビジネスを頑張っていたことは、時折Mと連絡を取り合いながらこちらも認識していました。

ところがMも試練の只中にいたようです。ロシアへの経済制裁が発端になり、所属している会社にも影響が出て業績が悪化しているとのことでした。さらに実家の父親が末期がんで、余命いくばくもない状態でもあることから、帰国を考えているというのです。

それを聞いてすぐ、私はMを弊社に誘いました。彼はつらい家庭環境で育った経験から、同じような立場の人たちの心を理解できます。「オレに福祉なんてできるかな」と懸念するMに、あんたなら大丈夫、一緒に命懸けてやっていこうと誘いました。少し迷った末に、

Mは入社を快諾してくれます。入社後はがむしゃらに頑張って仕事や福祉の知識を学び、短い期間で幹部となり、その頃の弊社を支えてくれる存在になりました。

またMが入社して間もなく、一般求人に応募してくれた中に注目すべき人材がいました。「障がい福祉事業に二十年以上携わってきましたが、所属している会社の代表者が正直気に入りません。あまりに酷かったので、役員である私は残された職員の行く先を確保し、自分は辞めました。これからは真摯な想いを持った組織で仕事をやりたいんです」という熱い男性Kさんです。

さらに、私の親族であるOくんが力を貸してくれました。彼は数年前にご両親が難病とがんで続けて亡くなるという経験をしました。その際に接したヘルパーさんや介護支援専門員のあり方に感銘を受け、福祉の仕事に興味を持ったそうです。

私は、絶対に親族を会社に入れないというポリシーがあったので入職を断っていました。そのような関係の人を雇用すると、周囲や本人にとって良い作用が働く事例を見たことがなかったからです。しかし、「一流の一般企業を辞めて、両親の死を通じて仕事のあり方を福祉に見出し、イチから学んでそれでも頑張りますという人なんているかな？　親族だからと決めつけて入職させない私のほうが、間違っているのではないか？」と思い直し、弊社の事業所で雇用しました。

そのＯくんを本社に呼び寄せ、Ｍ、Ｋさんと共に、新しい幹部として弊社を支えてもらいました。彼らは懸命に私に付いて来てくれました。前の幹部は生真面目でおとなしいメンバーで、私に対して自分たちに無い部分を見出し「ついていきたい」という想いを持ってくれていたようですが、私とカラーが真逆のキャラクターでもありました。新しい三人は明るい人柄で、気が合う人たちでした。おかげで私も気持ちが軽やかになり、明るい雰囲気で仕事ができるようになっていきます。

失ったものは大きかったけれども、入ってくるものも大きかった。物事は循環するものだと思いつつも、人が離れていくのは結局自分に課題があると自覚するようになっていました。もっと私自身のあり方を見つめ直して、新しい幹部のみんなにとってのやりがい、会社を居場所としても機能するようにしたいと、強く思うようになっていきました。

仕事を続ける二つのモチベーション

複数の幹部の一斉離職を通じて特に痛感したことがあります。人が仕事を続けるモチベーションは、大きく分けると二つ、外発的な要素と内発的な要素です。外発的な要素というのは給料や休日などの待遇、将来性などが該当し、内発的な要素は仕事のやりがい、職場の居心地の良さ、スタッフ間の連帯や仲間感という目に見えない心の部分です。創業期から一緒にやってきた幹部たちは、どちらかというと内発でやってくれた人たちでした。にもかかわらず、私が肝心な内発の部分を理解していなかったことに、退職した原因があると思います。マネジメントなどという話ではなく、多くを語らずとも、彼らだったらついて来てくれるだろうという勝手な私の思い込みがあったわけです。夫婦や家族間で感謝が当たり前になってしまうのと同じです。

その結果として間接部門、営業、コンサル事業、労務、税務など、手続き関係や高度な事務方の仕事ができる人たちの大半がいなくなってしまいました。運営している事業に不備やダメージが出始めた頃には、心強い新たな幹部を迎えられたことで、なんとか乗り越えることができたことは、本当に幸運だったと思います。

そして本の出版や講演会、クラウドファンディングの挑戦を通じて、社内外で助けてもらってきた経験、私自身のあり方や想いを、もっと表現していくべきだとも思い至りました。その気づきで人との関わり方のテイストが変わってきたと思います。感謝を言動で表し、誰も傷付けたくない。経験を通じ固く誓いました。

危機的状況の中での前進

コロナ禍の中での気づき

人が離れていったのは私に責任があったからだと今でも考えています。「ミス」と呼ぶには軽過ぎるかもしれませんが、経営者のミスで企業をピンチに追い込んでしまう事例は多々あるかと思います。

逆に、こちらがミスを犯していなくても、企業が試練に追い込まれることもあります。自然災害、事故に巻き込まれる可能性はどの企業にもあるし、予期せぬときに突然降りかかってくるものです。新しい幹部が揃った直後に発生した新型コロナウイルスのまん延、いわゆるコロナ禍は、まさしくその類の大きな試練でした。

コロナ禍が始まった二〇二〇年当時、弊社が運営している事業はすべて通所系サービスでした。たとえば老人ホームなどの入所系サービスとは違い、外から通う通所サービスはウイルスの感染拡大に考慮して利用を制限しなければいけませんでした。たとえ弊社が「コロナ禍だけど、感染対策はしっかり行っているので、ぜひいらしてください」と呼びかけても、利用者様は来所を控えます。当然稼働率は急落してしまい、並行して売上にも大ダメージが出ました。

もちろんコロナ禍は自分たちの落ち度によって引き起こされたことではありません。しかしそうはいっても、誰も助けてくれません。このときに何をすべきか、ピンチをチャンスに変える手立てはないものか。そう必死に考えた結果、まず、コロナ禍で事業所が開店休業状態になっているタイミングを利用して社内統制を図ることにしました。

社内システムと事業見直しの好機に

それまでは必死に走り続けてきたため、さまざまな社内のシステムを見直す機会がありませんでした。たとえば人事考課一つとっても、三六〇度評価を取り入れる、職員面談の頻度を上げるなどの見直し、労務や各種助成金関係に取りこぼしがないかをチェックする。そのような見直し、社内の枠組み作りに専念しました。

コロナ禍の時期にはZoomなどのコミュニケーション用オンラインシステムが急速に発

達しましたが、そのことは私たちにとって大きなメリットにもなりました。幹部スタッフには各事業所の運営を任せていたので、コロナ禍の以前は直接会って話し合うことが難しかったのですが、オンラインを使うことで、かえって接触頻度が増え、みんなの表情や声をたくさん聞けるようになりました。今振り返っても、試練の渦中だったからこそできた貴重な時間だったと思います。

またコンサルティング業務のクライアントさんへのコンタクトが格段に容易になりました。特にコンサルティング業務は継続で何件も抱えており、たとえば九州地方など、遠方に拠点を置くクライアントさんも少なくありません。オンラインで対応できるようになったことから、遠方まで出向く必要がなくなったことで、効率的にクライアントさんとミーティングすることが可能になり、時間や移動経費を大幅に浮かすことができました。

そしてコロナ禍を経験することで、新たな経営戦略も立てていく必要性も実感しました。この章のはじめのほうにも書きましたが、福祉事業のみの報酬に頼っていくことの限界を肌で感じたため、それに頼らない新たなビジネスを展開する必要性を痛感したのです。

とはいっても、福祉事業と大きく違う分野では、これまでのノウハウを生かせません。コンサルティング業務で培った経営戦略、懸命に運営するも集客に苦戦する事業者の尽きない悩み。一方でご利用者様には良質なサービスを提供する事業者を選んでほしい。そのような経緯から、障がい者グループホーム検索サイト「グルホネット」を開始します。利用者様を募りたい事業者の掲載料で継続的な利益を得るストックビジネスです。開発にあたって数千万円かかるとのことでしたが、「ものづくり補助金」の採択を受けることで開発費用を大幅に抑えることができました。

すべての障がい福祉サービスを網羅した上で検索できるサイトの開発も検討しましたが、開発費用が莫大になるから控えた、というよりも、たった一つの事業に絞り込み、かつこれからニーズが高まっていくであろう事業のほうが、小さな会社でも体力のある競合に負けないと考えたからです。小さな市場で一番になる。そこを意図しました。

立場を超えて人々とつながる

もちろんコロナ禍で大きな苦境に立たされたのは福祉業界だけに限りません。業界ごとに差はあったようですが、長年続けてきた事業、商いを諦めた、マイホームを手放さざるを得なくなった、そういう話が身近だけでなく、あらゆる方面から聞こえてきました。いつ終わるのかわからない「仕事がしたくてもできない状態」が続く中、私は福祉業界の仲間にとどまらず、さまざまな人たちとの交流を図ってみました。これもオンラインだからできる試みです。

実は出版記念講演を通じて、ご縁ができた女性看護師Ａさんがおり、私の活動に興味を持っていただいたのか、共通の知人を介してお会いすることになりました。お話を伺うと、彼女は血液の難病で、二週間に一回、血の入れ替えが必要です。ここ最近では症状が悪化しており、この先どうなるかわからないとのこと。私は看護の仕事が好きだ。でも、看護師になれても、つまらない病院や医師に当たると、自分らしく生きられない。看護師の新しい働き方って、あってもいいと思う。だから、看護師のコミュニティを作って、新しい働き方や生き方を提案したい。そのようなお話に感銘を受け、彼女を代表とするコミュニティの枠組み作りと運営に協力することにしました。ＳＮＳライブやリアルでのセミナー、講演会を企画し、反響があり、半年も経たず数百名のコミュニティになり、関西のみならず東京などでも膨れ上がってきました。ただ、人数が膨らむごとに運営メンバーのさまざまな思惑や人間関係の歪み、マネタイズ（収益化）に迷走したことなどから一年を迎えずコミュニティは解散となります。それでも、たくさんの方と出会い、福祉業界のみならず、全国の方々にご縁をいただけたのはありがたいことでした。そのようなご縁もあり、オンライン飲み会などを主催しました。それを通じてまた新たな人間関係や人脈もできあがり、コロナ禍が収束した現在も続いています。

コロナ禍の前、コンサル業務やセミナーなどをこなしていくうちに出会った人たちというのは、社長さんやオーナーさんという人が中心でした。そういう人たちと会っていると、私自身が権威的になっていきます。周囲から持ち上げてもらえることも多くなりました。

そうすると経営層ではない人との話が合わなくなっていきます。何かの機会に学生さんや社員さんとは話をしていても「自分は会社の代表で、真剣に会社の収益を上げることにフォーカスしている人間。限られた時間の中で、意味のない人とは会ってはもったいない」などと不遜極まりないようなことを考えていました。

コロナ禍の最中、先に紹介した講演会を助けてくれた「講演会支援チーム」のメンバーとオンライン飲み会を開く機会もありました。メンバーは経営者だけではなくさまざまな立場の人たちがいます。

その飲み会は結果として大盛会になり、大いに楽しませてもらうことができました。そして私は気が付きます。経営者じゃなくても、熱くて優しい人、学びを得られる人たちがたくさんいる。当たり前のことなのですが、それもコロナ禍によってもたらされた貴重な

「気づき」です。

これらをきっかけに、私は積極的にいろいろな人たちにコンタクトし、コロナ禍が収束してからは出会う機会を増やすようにしました。すると予想していなかったことが起きます。弊社のスタッフ募集に対して、私たちが理想とするような人材がたくさん集まり始めたのです。私の意識の変化でこれほど直接的な良いことが起こるなんて、思ってもいませんでした。

助け合いと感謝の循環

またコロナ禍の最中は、業界に関係なく困っている人を応援しました。経営が行き詰まりつつある飲食店でクラウドファンディングを仕掛けたり、ビジネスが危機的状態にある人のため、知り合いに相談してお金を集めたりといったことです。自身のビジネスのことは意識せず、単に幼い頃からの性格が出たのでしょう。自分が困っているときだから、間違いなく他の人も困っている。その困り事に対して、今自分ができることは最大限やり抜こうということはコロナ禍でも決めていました。

知り合いの飲食店が注文がまったく来ないということだったので、そこの店から丸ごと牛一頭を買って弊社の従業員全員に牛肉を配布したり、マスクの入手が困難な時期には、物販会社を経営する友人に懇願し、何とか入手して、従業員や利用者様、ご家族が困らないよう無償で配布しました。従業員や利用者様、ご家族への還元になるし、一石二鳥だと思っていました。皆さんからお手紙や感謝の言葉をいただくことができて嬉しかったし、最終的にはそうした行動が口コミで広がったことで、弊社の売上にもつながったのは予想もしませんでした。

コロナ禍の弊社は過去最大の赤字で、経営として大打撃の試練でした。しかし終わってみると、弊社は一段階レベルアップできた気がしています。実際に現在はコロナ禍前よりも収益が上がっています。

なぜコロナ禍を経てレベルアップができたのか。振り返ると三つの要素があったと思い至ります。一つ目は会社全体の枠組みを整えたこと、二つ目は従業員同士のコミュニケーションの頻度を増やす仕組みができたこと、そして三つ目は、損得抜きに誰かを応援し続けていたことが跳ね返ってきた、ということだと思います。

一つ目と二つ目ですが、コロナ前は営業職員、管理者などに各部門を任せ切りにしていたため、きちんと中身を開いて詳細を見ることがありませんでした。担当者と一緒にそれらをすべて見直し、営業の方法や件数なども時間をかけて検討し、それが結果として跳ね返ってきたのではないかと思います。

三つ目に関しては一つの実例を紹介します。私が主宰している経営塾「恒星」出身のTさんがコロナ禍の中で起業しました。集客や営業コンサルに特化した会社です。時期も時期なので売上の目処が非常に厳しいものと理解していたので、弊社のコンサルティングのクライアント企業の営業代行を彼に依頼したのです。彼は大変な頑張りを見せてクライアントからも高い評価を得ることができました。「一番苦しい時に助けてくれたから、今できることを全力でやり切りたい」と依頼したことに強く恩義を感じてくれて、見事結果を出してくれてクライアントは大喜び。今では弊社の全事業所の営業戦略を立てる、外注という立場でサポートし続けてもらっています。もちろん費用はお支払いしていますが、期待以上の仕事をしてくれています。

福祉事業を仕事にする真の喜びとは

幹部三人が退職した時期に、一時期マーケティングを師事した先生にアドバイスをいただきました。職員が離れたことを打ち明けると「社員は経営者の写し鏡やからな」と、心に刺さる言葉もいただきました。つまり、自分の言動、マインドも含めて、その時々の自分を投影したのが周りの人たちだ、という意味です。「ありがとう」には「ありがとう」が返ってくるし、「お前アホやな」には「お前アホやな」が返ってくる。結局シンプルなことなのだと思い至りました。先生からの言葉で、なぜ離れていく人たちがいたのか、逆に、なぜ今が良好な状態なのかということが、何となくわかってきた気がしました。

「おわりに」でも述べますが、ビジネスでは感謝が感謝の相乗効果を生む、という考え方がとても大切です。それは利用者様と私の間の関係だけでなく、取引業者の方や従業員との間にも生まれるのだと、今の私にはよく理解できます。

現在、私は株式会社、ＮＰＯ法人、一般社団法人、そして念願の社会福祉法人など複数の法人運営を手掛けています。その中で障がい、保育、高齢事業を手掛けることができています。コンサルティングにおいても、すべての福祉事業においてワンストップで、実践経験を踏まえたリアリティのあるご提案ができることを強みとし、これまで約五百カ所の事業所の立ち上げ、立て直しをお手伝いしてきました。

また私が直接経営するのではなく、別の社長が舵取りしてくれているグループ企業も複数あります。弊社の従業員が法人を任されてトップをやっているケースもあります。今後はこうした体制をもっと広げていくのが私の理想です。ホールディングスではないですが、各社の代表が一国一城の主として取り組むほうが仕事にやりがいもあるし、融資を受けられる額も増えます。各社にストロングポイント、ウイークポイントが出てくるのは当然ですが、相乗効果を持たせながらグループを大きく発展させていけたら、私はもちろん、みんなで喜び合えると考えています。

第4章　福祉事業における人材との向き合い方

理想の人材を確保するための基本

ルール作り、制度整備がはじめの一歩

事業運営で不可欠なのが従業員です。同じ未来を見据え、志も共にして事業を支えてくれる仲間＝人材と力を合わせることは、理想とする事業を実現する上で不可欠と考えます。人材確保はすべての企業・事業所における大きな課題ではないでしょうか。特に近年は少子化などの影響から、どの業界でも人材確保に苦労されていることでしょう。

コンサル業務や業界関係者と懇談する際などで、人材の定着への悩みを聞く機会はたくさんあります。離職の理由として多いのは「勤務していた会社や事業所の方針が自分の考えていたものと違った」という考え方の相違、「業務に対して給料が合わない」といった待遇への不満、そして「人間関係への不満」などです。

特に福祉業界の場合、小さな事業所が多く「日々の実務をこなすのが精いっぱいで、人

材確保や定着に対応するまで手が回らない」という悩みを抱えている経営者もたくさんいます。しかし、何かしらの改善策を実行しない限り人材の定着は難しいでしょう。

まず経営者が着手するべきなのは仕組み作りです。たとえば、企業で定めた基準に基づく従業員の実績、業務態度、能力を評価する「人事考課制度」というものがあります。「どうやって従業員の時給を上げたらいいのでしょう。他の従業員とのバランスが取れなくなってしまうので困っています」という相談をいただくことがあるのですが、これは「人事考課制度」を定めていないがゆえに抱える問題の一つです。

現実には「そのルールの作り方がわからない」や「弊社にそういうルールが存在しているかどうかもわからない」という経営者も珍しくありません。まず人事考課制度を含め事業所の業務規程を整備することは、人材定着の基本中の基本、まさしくはじめの一歩です。

事業所の「強み」を伝える

人材確保には「採用」と「定着」の二つの意味があります。いい人材を採用し、定着してもらうことです。

まず「採用」に関しては「弊社の○○という強みは、○○という理念によって生まれている」というストーリーに基づいて法人のアイデンティティを理解していただき、そこに共感していただける人材を集めていきます。強みと理念を明確に打ち出すことで、こちらの理想の人材が来てくれる可能性が高くなります。その点は第3章で説明した、集客に対する考え方と共通しています。

「世の中のお母さんの働きにくさを変えたい」や「障がい者の雇用を進めて社会を変えていきたい」など、まずは想いを表現することで、どのような価値観を大切にしているのかをしっかり伝えることが重要です。その上で、自社の強みをアピールするのは事業所ごとの特色やサービスの内容でもいいし、何だか面白そうだと思ってもらうのです。独自のカラーを打ち出してください。あるいは「こういう昇給制度があります」「こういう研修制度があります」「自己成長を目指せます」という内容でもいいです。「年に一度社員旅行を実施しています」などでもいいです。PRする強みと、自社の熱い想いをきちんと表現すること、その想いを持つに至るストーリーを持っているということを、しっかり表現すること、「ここでしか味わえないことを味わえます」というアピールが大切です。

同様に欲しいターゲット層へどう訴求するかということも重要です。「経験が少なくても元気満々の二十代が欲しい」「経験豊富な五十代のベテランさん、ぜひ」と、求める人材を逆算して示すのです。あらゆる層の人材をまんべんなく集めようとする事業所もありますが、求職者から「どういう人材を欲しているのか」「自分は適合しているのか」が見えると「それ、私のことだ」と求めてくれます。具体的な自分たちの欲しい人物像、ペルソナを浮かび上がらせた上で募集すると、事業所にとっても理想の人材が集まってくれる可能性が高まります。

「この指とまれ」式で発信

私が人材を集めるときに意識しているキーワードが「この指とまれ」です。弊社では人材獲得や集客において強み、理念を積極的に示して、その上で共感していただける人材に「来てほしい」とは思っていますが「誰でもいいから来てください」とは思っていません。あくまでも「こちらは、こう思っています。あなたがそれに共感して弊社を選んでくれるなら、ぜひ来てください」という対等なスタンスです。

まず、こちらとして必要な、一緒にやっていきたい人材のイメージを浮かび上がらせ、相手のほうから「働きたい」とか「一緒にやりたい」と思ってもらえるような発信を続けています。その一環として出版があり、SNSでの情報発信に力を入れるなど「私たちはどのような理念を持ち、インクルージョンとはどういう企業なのか」ということを常に露出しています。

福祉業界以外でも露出や関わりを深めていっています。異業種の交流会への参加などもその一環で、そうした会でご挨拶させていただく機会などもありますが、なるべく印象に残るよう話をすることを忘れません。さまざまなイベントに登壇させていただいたり、対談形式のトークライブをやらせてもらったりなど、とにかく自分の想い、理念や価値観などの考えを露出できる機会を意図的に作っています。

そういう仕事は広報や人事担当が動けばいいことかもしれませんが、私が起業や経営したかった最大の動機は、己の哲学や想い、考え方を事業という形で表現したいということです。その想いが一人でも多くの人に伝わって「いいな、あの会社で働きたい」と感じていただきたいという、いわば採用の一環として取り組んでいるわけです。

一方で露出に関しては、そのような動きによって従業員が「あれ？　うちの社長も結構活躍してるやん。そういう人の会社で働いているんだ」という誇らしさにつながってほしい、という願いもあります。

自社を知っていただく

有益なインターネットの活用

弊社ではＳＮＳを積極的に活用しています。人材の獲得、利用者様の集客、どちらに対しても大きな役割を果たしています。

第３章では、集客を募るにあたってはまず自分たちの事業所の強み、理念と自社ストーリーを知っていただくことが非常に重要であることを説明しました。この点は人材募集する上においても同じです。ホームページにそれらを詳細にまとめＳＮＳとリンクしておけば、誰にでも簡単にインクルージョンのことを知っていただくことができます。

たとえば名刺交換させていただいたときはもちろん、オンラインイベントなどで私を知っていただいた人でも、検索してもらうだけで活動履歴を見てもらうことができるわけです。今ではＳＮＳも多様になっていますが、主要なものは概ね活用しています。使わない手はありません。そうしたインターネットの活用はすでに常識のようになっていますが、まだまだ福祉業界では活用していない事業所が少なくないのではないでしょうか。

なお、ＳＮＳを踏み込んで活用する場合は、発信したい内容に応じて使い分けるのがベストです。Facebook利用者は年齢層が高く経営者が多い、TikTokは比較的年齢層が若い短時間の動画サイトなので、その特徴に合わせて内容を変えることで、より効果的な発信ができます。弊社ではまだ完成度が高くないですが、集客、コンサル、人材獲得という三つのテーマをメインとし、それに沿った内容で発信しています。

弊社では結構な費用をかけて動画の編集作業を行っていますが、ＳＮＳはスマホひとつあれば誰でも手軽に、無料で情報発信できるわけですから、活用しないともったいないです。ここから先を読み進めていただけるとわかりますが、実際にＳＮＳを通じてアプローチしてくれた人が、弊社のスタッフとして活躍している例がたくさんあります。もしＳＮＳがなければ会えなかった人たちかもしれないことを考えると、やっていてよかったと実感します。

これまで求人広告もたくさん出していますが、各事業所の強みやカラーを紹介しています。事業所ごとに異なることをやっているわけですし、障がいの分野でも、子どもが対象の放課後等デイサービスと大人が対象の就労支援事業所では提供するサービスもターゲットも違います。応募してくださる方々に対しては、募集する事業や希望する人物像によって表現の仕方を都度変えて告知するようにしています。

第3章で説明した通り、求人広告でも事業所の強みやカラーを必ず表現しています。「アットホームな職場です」、「給料はそれなりです」、「働きやすい職場です」という抽象的でありきたりな内容では、意欲の強い求職者の心に響きません。事業所オリジナルの取り組み、魅力というものを伝えていかなければ、利用者様の集客と同じように求人に関しても意味がありません。

従業員と事業所の「やりたい」を合わせる

しかし求人広告を通じて面接にいらっしゃる方の割合は少ないですし、応募件数も決して多いわけではありません。一方で私のお付き合いや関係を通じてご縁があったり、SNSを辿って求職してくる人が多いです。

弊社で働きたい皆さんが来ると面接を経て合否を決めていきますが、その過程で行っていることがあります。「この指止まれ」に応じてやってきた人が実際に希望する仕事をしていただけるように、あるいは双方の希望に応じて適職に就いてもらうようにコーディネートすること、簡単にいうと、互いの「やりたい」を合わせることです。

弊社からは想いやビジョンを説明し、求職者に対しては「あなたが望む生き方、やりたいことを、この会社で体現してくれたら嬉しい」という話をします。その中で、会社として望むことと求職者のやりたいことを合わせていく作業をしていくわけです。働く人に、明確な「やりたいこと」があったとき、それが会社として望んでいることであれば、お互いにとってベストです。この「会社のやりたい」と「従業員のやりたい」を上手く近づける、合わせていくというのは弊社独特の発想かもしれません。上手くコーディネートできれば従業員の良さが存分に生きるわけで、それは結果的に会社が生きることになります。

たとえば弊社では「私は人と接するのが好きなので営業の仕事をしてみたい」という求職者、あるいは従業員がいたら「うちには営業の部署はありません」ではなく「であれば、支援員の仕事してもらいながら営業の仕事もしてもらえるようバックアップしますから、それやってみましょう」と体制を柔軟に変化させていく、ということを繰り返してきました。求職者が望むようなステージや環境を整えることができれば、その人は水を得た魚のように仕事ができるはずですし、もちろん定着してもらえることにもつながります。

インクルージョンで働く人たち

SNSを経由して

私個人のSNSを通じて、アプローチいただいたこともありました。

デイサービスや老人ホームの調理員だった方なのですが、そこで経営者と折り合いが付かない部分もあったらしいです。ある時に弊社のことを知り、私の理念に共感していただいたようで、私のSNSに辿り着き、何年も前から関心を持ってくれていたそうなのです。

最初は面接ではなく、見学会に参加者として会いに来てくれたのです。Facebookや著書、メディアを通じて私の想いを理解していたつもりではあったそうですが、やはり直接話を聞きたいと思っていたとのことでした。その上で彼女のこれまでの仕事や人生の軌跡を伺い、その想いにとても共感したので、新しい生き方、仕事のあり方を一緒に追求しませんかとお話ししてみたところ「直にお話しさせていただき、改めてぜひ一緒に働かせてほしいと思います」と言ってくれました。

私のSNSを経由して求職してくれた別の例では、こういう人もいます。ある日突然、知らない女性から私のInstagramのDMに「御社に経理スタッフとして応募したけど落ちました」というメッセージが来ました。何のことかわからず、とりあえず返信して事情を聞いてみると、私のことをSNSで知り、どうしても働きたいと思っていたけれど「私は事務員の仕事しかできないと思っていたので、事務員として御社に応募したけれど不採用でした」ということでした。弊社では私の最終面接を含めて三回ほど行います。そこに到達する前に不採用になってしまったようです。なぜなら、事務員の募集をしていないにもかかわらず、履歴書等の書類を一式送ってこられ、書類選考で不採用となっていたそうです。通常は不採用の時点で諦める人のほうが圧倒的に多いと思うのですが、パワフルに挑み、DMで直接連絡してくる彼女に私は興味が湧き、面談してみることにしたのです。

直接会ってみると予想通りとてもパワフルで明朗な女性で、あなたのパワーは、むしろ事務員には向いていないかもしれません。それだけの行動力と折衝力があるなら人と接する仕事、営業職などに向いているのではないかということを伝えました。結果として弊社の関連する会社で営業の業務をすごい頑張りでこなし結果を出した後、起業しています。

交流を通じた出会い

　SNS以外でもイベントなどで知り合った人が弊社に魅力を感じて入社してくれることもあります。不登校児のためのフリースクールの運営に携わっているボランティアの人たちと出会う機会があり、クラウドファンディングでフリースクールのイベントを行う計画を聞きました。皆さんクラウドファンディングは未経験だというので、私はご縁だと考えてやり方やそのノウハウをお伝えしました。その数年後にメンバーの一人から「会社と折り合いがつかないので辞職したい」という相談をいただきました。私の想いを理解されている人だったので、ぜひ弊社にいらしてくださいと入社していただいたこともあります。

　他にはこういう採用事例もあります。前述した難病の看護師Aさんのイベントを通じて知り合った、私より少し年下の男性経営者がいました。彼女の応援にも仕事にも真摯で熱い男性だったのですが、あることがきっかけで会社が倒産してしまったのです。落ち込む彼に元気を取り戻してほしいと、私はできる限り相談に乗っていると「うちの従業員を一人雇っていただけませんか？」と頼まれました。もちろんいいけど、あなたはどうするのか聞くと「自分のことは何も考えていません。まずは残ってくれた従業員のことを何とかしたいのです」と言います。その責任感、人間性を持つ人材なら弊社でも必ず活躍してくれると考え、「だったら、あなたもうちにおいでよ。これまで培ってきた経験をぜひ弊社にください。仕事はいくらでも作れるから」と彼も迎え入れました。

出会いの場を広げる

話が少し脇道に逸れますが、私は人との関わりや出会いを大事にしているつもりです。最初に会った時から一緒に働きたい、とか引き抜きたいという思いはないのですが、自然とお節介ばかり焼くうちに人が集まってきた、ということは多いように思います。そして、このように集まってきた従業員は大活躍してくれています。ここで紹介した以外にも昔からの個人的な付き合いがある人、サ高住の施設長時代に一緒に仕事をした人などが弊社を幹部として支えてくれているのは第1章や第2章で紹介した通りです。

紹介したエピソードからも、自分の周りの人たちを見ると出会いの運はいいと思いますし、そのように周囲に評価いただくこともあります。ですが、ここでは紹介していませんが、信じていた人に騙されて手痛い目に遭ったことも少なくありません。多額のお金を騙し取られたこともありました。

それでも恵まれた出会いが多いのは、人に会ってきた数の母数が多いということだと思います。いい人も悪い人もいて、結果的にいい人と惹かれ合うからこそ残ってくれたり、良い関係性が続いているから「出会いに恵まれている」と評価していただけるだけのことであって、失敗の数も上手くいった数も、圧倒的な数を打っている分だけ起こるものだと思っています。

確かに痛い目を見ることはあったけれど、人と会うチャンスはたくさん作ってきたつもりです。人がいる場で私の理念や考え方、私自身を知ってもらう機会だからです。肯定してくれる人もいれば否定されることもあるわけですが、人と会う機会がなければ自分の考えや想いを知ってもらう機会もできません。もしアンチがいたとしても、たった一人のファンが生まれれば幸運なことですし、貴重で大切な機会だと思います。

採用までのステップ

面接の進め方

　求職者がいらした場合は、先に触れたように弊社では三段階で面接します。たとえば放課後等デイサービスでの勤務を希望される人に対しては、一次面接が事業所の所長、二次面接が事業を統括している部長、最後に代表である私が面接という三段階です。応募された人物像がいい場合などは一段階飛ばすこともありますが、最終面接は週一回勤務のパートさんでも必ず私が面接します。

　一次面接では面接シートというものを使用します。制限時間を十～十五分に短く制限して、質問事項に思い付いたままを書いてもらいます。あなたにとっての理想の上司とは、前回の職場でトラブルになったとき、あなたはどのような対処をしたか、あなたにとって仕事とは、など内面を問いかけるような質問を多くすることで、しっかり考えていなければ書けないような仕組みにしています。その答えを参考にして、二次面接では書いていたことと言っていることに齟齬がないかもすぐ確認できます。

私との最終面接は必ず一対一です。ここまで上がってくる人は、ほぼ採用が決定している人で、給料、待遇、働き方などの話はすでに済んでいます。だから私が行うのは面接ではなくマインドセットです。ほぼ研修のような内容かもしれません。

弊社の経営理念、経営目標、行動指針に私の理想、ビジョン、そしてその人の理想の働き方の希望などが集約されているので、そこに基づきながら面接を進めていきます。

弊社の経営理念

「誰もが笑って暮らせる社会」を創る

経営目標

一、全従業員が人の痛みを我ごとに捉える

一、ＥＳ（従業員満足）を追求する

一、足りない社会資源は自ら創る

行動指針

一、常に自責思考で物事を捉えよう

一、関わる人すべての利益の最大化を考え続けよう

一、出来ない理由よりもどうすれば出来るのかを考え続けよう

一、与えられるよりも与え続けよう

一、誰かのヒーローであり続けよう

一、自らが最高の社会資源であり続けよう

一、願いは「いつか」叶うでなく、「今」叶えよう

面接ではまず、なぜこの経営理念に至ったのかということを、私のこれまでの実体験に遡ってお話しします。その実現のためには、前ページの三つの経営目標が必要で、一緒に働いてくれる全員が人の痛みを我がことのように捉える意識を持ってほしい。利用者様に満足していただくことは当たり前、だから働いている人たちが最高だと思える組織を、みんなで考えて作っていこう。「こんなサービスあればいいのに」とか「制度が悪い」と文

句を言うのではなくて、なかったり足りないものは、自分たちでどんどん新しく作っていこう。そういう目標であることを説明します。

これらを踏まえていただいた上で、私を含めた弊社の全員が行動する上での七つの指針を説明します。具体的には次のとおりです。

行動指針

常に自責思考で物事を捉えよう

人のせいにすることなく、常に何事も自責で考えて自己成長を促していこう。つい環境や人のせいにすることもあるだろう。だが、それでは物事は好転しない。他責よりも自責でありたいと考えよう。

関わる人すべての利益の最大化を考え続けよう

少しでも関わった人に対して利益の最大化を考えよう。たとえば飛び込み営業で来た新人の人に対しても、無下にせず話を聞いてみよう。誰もが最初は新人だった。買わないものに対してはキッパリ断ればいいけど、勇気を出してここに飛び込んで来たことぐらいは評価してあげよう。少しでも関わった利用者様やご家族、関係機関などに「今の自分はどうお役に立てるのか」と考える。見返りなんかなくてもいい。向き合ったその人が豊かになれるのならそれでいいではないか。

出来ない理由よりもどうすれば出来るのかを考え続けよう

「できない」と言わないで。「どうやったらできるか」と考えないと思考停止してしまう。たとえば認知症で行動障がいがあり受け入れが難しい際に、断るのは簡単だ。そうではなく、「この人のことをどう支援すれば実現できるだろうか」というポジティブな切り口で「どうすればできるのか」だけを考えよう。そのことが結果、自身のスキルの向上にもつながり、利用者様ご家族を豊かにすることができる。

与えられるよりも与え続けよう

欲しがらない。欲しがる人は与えてもらえない、結局得ることはできない。与えられるよりも与え続けられる人になろう。

誰かのヒーローであり続けよう

困ったときにただ祈るだけ、ヒーローを待つ。そうではなくて皆がピンチのときには、自らが躊躇なく真っ先に立ち上がって、自分たちが困っている人のヒーローになろう。

自らが最高の社会資源であり続けよう

究極の社会資源とは人とのつながり。つながっていれば、困っている人を確実に必要な社会資源につなぐことができる。そのためには人間力を磨き上げ、信頼してもらえる人になろう。

願いは「いつか」叶うでなく、「今」叶えよう

やりたいこと、叶えたいこと、伝えたいこと、成したいことがあるのなら、明日やいつかではなくて今すぐやろう。人にはいつ終わりが来るのかわからないのだから。

ちなみに、この経営理念、経営目標、行動指針は私のこれまでの苦い経験や体験を基に考えたものでした。理念はこういう志を持っていたい、そのために「経営することの目標とは何か」を考え、そのためには、自身や共に歩む仲間はこのような人でありたいという指針です。最終面接だけでなく、会議や研修を通じて定期的に従業員たちと共有していきます。そして、従業員にこのようなマインドを持って仕事に就いてもらうことは、万が一、弊社とご縁がなくなったとしても、社会で活躍できる人であるよう貢献することが、彼らの今後に役に立てるのではと考えています。

技術面より人間力を重視

このように、私が抱えている世の中への不満、それを変えたいとするビジョンを凝縮した経営理念、経営目標、行動指針を説明しますが、それ以外に必ず伝えることがあります。あなたはご自身を「イチ専門職」と思わないでください。インクルージョンのスタッフとして働くわけですから、一緒に目標に向かって進んでいただきたいのです。「とりあえず資格を取って」などと言わないでください。ご自分がどうやって、この会社を活用してステップアップしていきたいか、なりたい自分にはどうすればなれるのかということを第一に考えて、私も応援するから一緒にやっていきましょう、と。

面接にいらした人が自分の過去、望む生き方を話し出す人もいて、それに対して私も精一杯答えるようにします。中には感極まって泣いてしまう人もいます。

最後は実際に業務に就く前の心得として、今後、新しいサービスや強みは皆さんが作っていってください。業務改善について自由に発言するのも結構です。新たな運営の基準を提案してくれるのも結構です。ただし、七つの行動方針から外れることだけはしないでください、ということを伝えます。これは既存の全従業員に伝えていることと同じ内容です。

最終選考では、技術面と人間性の部分で見た場合、人間性のほうに大きく加点します。たとえばパソコンを打つのが遅くても、利用者様に対して寄り添った姿勢でいられる人のほうが、はるかに高得点です。仕事ができる人といっても、パソコンが上手いとか話をきちんと組み立てられるとか、段取りがいいとか、その程度のことだと思っています。もちろん、仕事ができるに越したことはありません。ただ、この人がいるから周囲が温かい空気になるとか、やる気になるとか、そういう人のほうを好んで採用しますし、一緒の仲間でいてほしいと思っています。なぜなら利用者様の支援は他者目線を持つ「優しい人」が最も必要とされるからです。

「定着」のためのマインドセット

心理的安全性を高める

もちろん、こうしたプロセスを踏んだとしても、選考した人が必ずしもこちらの理想通りに仕事をしてくれるとは限りません。思っていた以上に力を発揮してくれる人もいれば、逆に予想以上に、仕事を覚えるのが遅いなどということも珍しくありません。しかし面接を通じて私たちも「この人なら仲間になれる」と判断した上で獲得した人材です。集まってくれた人材をいかに定着させるか、という次の課題に取り組まなくてはいけません。

人材を定着させることは現実的には難しいです。我々も決して完璧に配慮できているわけではありませんが、定着してもらえるための大切な要素として重視しているのが「心理的安全性」です。従業員が「ここの会社にいたら、自由な発言も居心地も含めて良好な状態でいられる」と思えるような事業所や会社は、心理的安全性が高い組織です。

心理的安全性の高さというのは「スイッチングコストが高くなる」ための強みの一つです。スイッチングコストは、言い換えると「こちらのほうがお得」という価値観のことです。たとえば携帯電話各社は、ユーザーがライバル社の電話に機種変更しないよう「ポイントが貯まりやすい」「特典が多い」といった、ユーザーだからこそお得に利用できるという価値観を高めようとします。それがスイッチングコストです。従業員が「他社ではなくインクルージョンの仲間でいたい」と感じられるような動機や理由を私たちがしっかり把握し、それを設計することが人材定着における鍵です。

スイッチングコストが高くなるというのは言い換えると「他社に行くよりも自社が良い」という状態を作ることです。

スイッチングコストを高める、従業員に心理的安全性を高めてもらうためには、大まかに二つの要素があります。第3章でも触れた「外発的な動機付け」と「内発的な動機付け」です。外発的な動機付けは給与、休日、働き方など、直接的にお金や待遇に関わることをいかに引き上げていくか、という要素になります。内発的な動機付けは、いわゆる精神的な部分での満足度を高めていくことです。「いい仲間がいる」「この会社が好き」「居心地がいい」「雰囲気がいい」という要素が鍵になり、従業員のやりがいが大きくなっていくことです。

もちろん、どちらも実行できるのが理想的ですが、弊社の場合は外発的という面で見ると福祉事業が主軸であり、会社の規模もそれほど大きくないため、高めていくことが難しいのが現実です。同じ福祉事業を運営している同業者も似たような状況なのではないでしょうか。

だからこそ「内発的動機をどう引き上げていくか」ということ、それによってスイッチングコストをいかに高めるかということを、人材を定着させる重要課題として取り組んでいます。そして内発的動機が高い組織のほうが、外発的動機が高い組織より定着率が高いと確信しています。なぜなら、お金や待遇の良さのみを打ち出すと、他社がそれを上回っていると、乗り換える（スイッチする）からです。

本人が設定・評価する目標と達成度

弊社では年度の初めに、すべての従業員に「あなたはどんな人になりたいですか？　前年度の目標は達成できましたか？　今年の目標は何ですか？」という目標設定を行ってもらいます。上半期を振り返りながら軌道修正して、次の一年に結び付けていくという面談をします。そして目標への達成度を従業員本人と上長がそれぞれ評価し、その結果によって昇給や賞与が変わっていくという人事考課を取り入れています。

他者から見た各従業員の評価と、従業員が自分たちから見た自己成長の評価との齟齬をなくしていきつつ、従業員の「なりたい像」をバックアップしていけるような、そして従業員と会社の「やりたい」を合わせていくためのシステムです。

このシステムでは各従業員の設定した目標が低過ぎたり高過ぎたりしないように気を付けています。従業員の希望と会社のやってほしいことがかけ離れ過ぎないというところで目標を決め、評価していきます。その振り返りに合わせて軌道修正を行い、面接時にも話した弊社の理念や考え方を再確認します。

このシステムを運用していく上で大切にしているキーワードが「失敗させる」です。子育てと似ているかもしれませんが、行動させて、失敗して頭を打たせる。いつでも正解ばかり伝えるのではなく、自ら問いを立てて、大きな視野の中で成長してもらいたい。それを会社側が見守る器量を持つことが大事だと思います。「正解を求めて百点の答えを出す」というのが日本の教育かもしれませんが、この変化の激しい混沌とした現代社会を生き抜く力とは、そこではないはずですから。

ただし、前述した心理的安全性が「ぬるま湯」であってはいけません。いかに心理的安全性を担保しながらも、コンフォートゾーン（居心地がいいぬるま湯の状態）から抜け出せるよう向上心を後押しするのが大事なことです。心地いいぬるま湯から抜け出していかないと、周囲もあなた自身も成長しないということをどう演出し、伝え続け、理解してもらうかは組織としての重要な使命、役割です。

良好な人間関係の確立

福祉業界の人材の傾向

次のテーマは人間関係です。この章の冒頭でも、コンサル事業や同業者の話を通じて、福祉事業所から離職する最多の理由が人間関係にあることに触れました。それは人間関係が円滑ではない事業所が多いという現実を示していることになるのですが、何が原因で円滑でなくなるのかということを、私自身もこれまでの経験の中から理解しています。

福祉業界は「専門職が専門職過ぎる」とでも表現すべきなのか、保守的な人が多いという傾向があるように感じています。

たとえば前章で「集客するという意識付けが大切」ということを説明しましたが、介護職や就労支援員、保育士など福祉業界の専門職は、自身の仕事のエリア外に対して強いアレルギーを示すケースが非常に多いのです。「私たちは任されている専門の仕事があるのに、なんで営業なんてしなければいけないの？」と反応する人が多いのです。

そうした専門職の皆さんは、これまで営業のやり方など学んだことはないですから、どうやって数字を上げるのか、どうやって人と接していくと売上が伸びていくのか、ということを学ばないまま現場に出されてしまったということは理解できます。そして、営業活動などしなくてもよい組織もあることでしょう。しかし、そういう人たちが起業したら、起業せずとも先々管理職の立場になると、必ず数字とは無関係でいられなくなります。しかし、そうしたスキルもマインドも足りていないという人が多いのです。なぜ必要かというと、自社の強みを理解し、それを波及させ、全員で売上を確保していくことが結果、自らの報酬や待遇の向上につながるからです。

それ以前に、専門職の人たちの多くは社会人としてのマナーや基本も教えてもらっていないケースも多いのではないでしょうか。大きな法人の介護職が名刺交換の仕方を知らない、敬語が使えないという例も多く見てきました。専門職としての介護技術は向上しているけれど、いわゆる最低限の社会常識を認識していないという例です。

熱が伝わればなめられてもいい

資格や現場での実務経験、専門職としてのスキルといったものが重要視されるのはもちろんですが、それが過剰なプライドになってしまっている専門職が多いというのが、私がこれまで福祉業界に身を置いてきた人間としての本音です。実際にそこが原因になって人間関係に支障をきたしているという例も、コンサルティング業務などを通じて認識しています。

福祉業界に携わってきて起業した経営者は専門職として優れており、現場のことをよく知っているので、乱暴な言い方かもしれませんが、従業員になめられにくいのです。事業所の従業員の主力はみんな専門職、プレーヤーなので、経営者が「どんな知識や技術を持っているのか」ということを、よく見ています。

逆に福祉の経験なしに起業した経営者は下に見られる傾向が強いです。「何も知らないくせに口だけ出してくる」という見方をしてくる従業員がいます。しかし、組織に属する人にはそれぞれの役割があります。リーダーだからといって、現場のすべてのことができないといけない、などということはありません。自分にできないことを、みんなにやってもらっているのが組織やチームです。未経験者の経営者をなめている従業員に対しては、それぞれに役割があり、異なる立場の職種の方にも敬意を払い、みなで仕事をやっている、という理屈で接するのがいいと思います。

「一流プレーヤーである私から見て、社長はあまりにしょうもない」という理由で退職する事例は少なくないですが、逆に経営者も力が付くまでは、言いたいことを言ってもらっていいとも思うのです。経営者には厳しいことですが、従業員が忌憚のない意見を言える組織というのは「言いたいことを言える組織」だということです。あまりにも取っ付きにくい経営者よりも、いくら偉そうな口をきかれても、しっかり専門職としての仕事をしてくれて周囲と協働してくれているのならいい。私はそう思います。「○○さんは厳しいけど、仕事を頑張ってくれているから。いつもありがとう。俺も頑張る！」などと笑顔に変換できるような関係性、温かいムードになっているのなら、それでいいと思うのです。「頼りないから支えてあげようって思ってもらえるリーダー像」があってもいいのではないでしょうか。もちろん、大切な理念や行動方針などは徹底していることが前提ではありますが。

そうした関係性を作るためには、もちろんただの「ポンコツ経営者」ではなく、何かしら「持っている経営者」でなければいけません。たとえ経験がなくても熱い想いがある、従業員をカバーする気概があるといった、リーダーとしてのビジョンや想いをどれだけ持っているかによって、人間関係は変わってくるものだと思います。罵倒の中に「まだまだ不合格だけど強い想いはリスペクトできる」という感情や、慕われていることなどが含有されているかいないかの差は大きいでしょう。

未経験で福祉事業関連で起業される場合は、やっぱり何らかの資格を持っているのが理想的です。資格取得によって基本的な知識を押さえることはできるし、資格があることで事業における人員配置上で有利な部分がたくさん出てくる業界ですから、特に起業する際は所有しているに越したことはないです。自らがプレーヤーとして現場に入ると経費も浮きます。

少し余談になりますが、高齢福祉に比べて障がい福祉は無資格でもやれる職種が比較的多いです。資格という点で見た場合、プレーヤーとしても経営者としても障がい福祉のほうがハードルは低いといえるでしょう。

確固たる理念があれば見極めも肝心

過剰にプライドが高いだけでなく、自信過剰に陥っている専門職が多いのも、福祉業界における組織作りが難しい一因だと思います。際立って仕事が遅い、極端に要領が悪いなどの人も存在します。しかし弊社では創立十年以上を経た現在まで解雇した従業員は一人もいません。そのような人にも、徹底的にしつこく何度も向き合ってきました。

「二一八」とか「二六二」というたとえがありますが、組織の中で突出して稼いでいる人はトップの一～二割で六割は普通、残りの二割は使えない、という一般論は私も否定はしません。「残りの二割は切り捨てたほうがいい」と言う人もいます。でも私はお尻の二割を真ん中の六に引き上げたいので、そういう人たちに対して向き合い続けます。新しい環境が合わないのなら別の環境に移したり、Aの仕事が無理ならBの仕事を持ってきたり、それでも無理ならCの仕事を持ってきて、それでも無理ならCの仕事を分解してC1を与えたり。人によってはこうやって一年も二年もずっと向き合ってきたこともありました。

それでもあまりに周囲に良い影響を与えない人、仕事ができるのに意見の合わない人とは向き合いつつも、どうしても弊社の方針と合わないという人が辞職を申し出る際には、基本的に引き止めなくなりました。なぜなら、懸命に仕事をする他の人のモチベーションを大きく下げるからです。そうすると、血液にたとえればきれいな血が循環するようなイメージというか、引き留めなくなったら、いい人が残ってくれる、欲しい人材が来てくれるようになっているのも事実です。

仕事を超えて仲間になる

そして今の時代と逆行しているかもしれませんが、いかに従業員のプライバシー、プライベートな部分に近づいていくかを心掛けています。人と人が対立したりケンカになってしまったりするのは、互いのことを理解していないからではないでしょうか。誰かが誰かを批判するにしても、仕事での表面上の食い違いだけで、批判できるほど相手のことを理解していないからだと思うのです。人にはさまざまな側面があります。従業員同士が心の通い合う仲間のようになっていけば、いい雰囲気と関係性の中で仕事をしていけるのではないかと考え、どういう仕掛けを作れば可能になるのかということに、いつも知恵を絞っています。

弊社では各事業所に予算を出し、飲み会を実施しているほか、一緒に旅行などにも行きます。「近年の若い人たちは、そういう行事を避けたがる」などという声も多いようです。もちろん全員参加することは難しいことですが、参加してくれることで明らかに人間関係が良くなっています。ましてや、弊社での企画以外で、従業員同士が家族ぐるみで休日に遊んでいることなどを耳にすると、本当に嬉しく思います。

従業員エンゲージメントの向上へ

弊社のグループ会社の中に重度の障がいや医療ケアが必要な子どもたち向けの通所事業を経営する会社があります。そこの社長は、多彩なアプローチで従業員との絆を深めています。たとえば就業初日に誕生日を迎えた女性従業員に、サプライズで美容室に行ってもらったことがあるといいます。もちろん費用は会社持ちです。その事業所に重度の障がいがあるお子さんを持つ女性から、SNSを通じて就職の希望をいただきました。毎日お子さんのケアに追われていて、面接のとき、「最近美容室に行けてなかった」というお話をされたので、出勤初日に「入社祝いです」と、あらかじめ予約してあった美容院に行ってもらったのです。そして美容室から帰ってきたら、みんなで拍手して口々に「素敵になった」「おかえり」と迎えてあげたというのです。以来その女性従業員は毎日お子さんと一緒に出勤し、一所懸命働いてくれているそうです。

この社長は同じようなことを当たり前にやっていて、たとえば若い男性従業員がいると「少し格好がだらしない。この業界に憧れを持ってもらいたいからこそ、きれいな見栄えも大事」と、新品のスニーカーと服を上から下までプレゼントしたりするのです。それはお金を使って従業員の心を掴もうといった魂胆ではなく、純粋にその人に豊かになってほしいという想いがあるのです。それこそ昔ながらの家族経営以上に密接な関係性を従業員と作り上げ、頻繁にバーベキューをやったり、社員旅行にも出かけています。私も招待いただき社員旅行に参加してみたのですが、従業員みんなが社長のことを大好きなのです。そのような会社なので人材が溢れている状態で、求職があっても断っています。全従業員がリファラル、つまり紹介や、ＳＮＳで就職希望してきた従業員で構成されています。もちろん、重度の障がいがある子どもたちへ、リスク承知で事業を運営しているシリアスで大きくストレスのかかる現場であるからこそ、そのような緩急がより生きてくるのだと思います。

昨今では「従業員エンゲージメント」という言葉があります。従業員が会社の向かっている方向性や企業理念に共感し、自発的に「会社に貢献したい」「業績向上のため」と思う意欲を指す言葉ですが、まさしく内発的な動機を高めることができれば従業員エンゲージメントも向上するはずです。これは福祉事業を運営するためには大変重要なことだと思います。そのためにはどうするべきかということを、私もまだまだ模索中ですが、考え続けていきます。

第5章　福祉に眠る巨大な可能性

～その広がりのために

福祉業界が今後ますます発展する理由

障がい福祉と高齢福祉を対比する

高齢者を対象にした介護保険法は二〇〇〇年から施行されました。それから十三年後の二〇一三年、障がい者を対象にした障害者総合支援法が施行されました。私が福祉の世界に足を踏み入れたのは介護保険法が施行されてすぐの年であり、インクルージョンを創立した年に障害者総合支援法がスタートしたことは、本書の中で説明してきました。

当時、福祉のことなど右も左もわからない私は、介護保険法に基づく高齢者を対象とする事業所やサービス提供でキャリアをスタートさせたわけですが、新しい制度の施行直後だったこともあり、新たな企画やサービスに次々と取り組み、その多くを軌道に乗せることができました。

現在高齢福祉関連のサービスや事業所はかなり充実し、ようやく利用者様にとって広い選択肢がある「時代」を迎えつつあります。反面、サービスを提供する事業者にとっては、競争が激しくなる一方で報酬も減収改定されていき、厳しい状況になりつつあります。

私がインクルージョンを創立したタイミングで施行された障害者総合支援法に基づくサービスが広がりつつある現在の状況は、介護保険法に基づくサービスが普及しつつあった頃と状況が似ています。介護保険は施行から二十余年を経て、同じく障害者総合支援法は十余年経ている現状は、福祉業界の中にいる自分からすると「介護保険法の十年前が総合支援法の下で続いている」と言い換えられるようなイメージです。サービスが民営化されたことによって高齢福祉のサービスが充実してきた過程が、障がい福祉の世界で再度繰り返されているような状況、ということです。

同じく介護保険の下で行われてきたような報酬のマイナス改定といった課題に対して、総合支援法の下では今後はどう備えていけばいいのか、どんな編成を考えるべきなのかということもイメージできます。福祉の世界で起業したいという人は、それぞれの動機や理由を持っているはずですが、コンサルティングの視点で見ると「もし障がい福祉の世界で起業したいのであれば、介護事業と対比させて考えると、これだけのことをやることができます」という話ができます。

障がい福祉の活況が見える

ビジネスという側面でいえば、タイミングとして障がい福祉にはチャンスがあります。それは介護保険に倣っている総合支援法のサービスが普及する余地がまだまだある、市場的な活況が続くと予測できるいくつかの理由があるからです。

高齢者の数は増え続けていて、二〇二五年、二〇三五年をピークとして見た場合、まだ二十～三十年は現在と変わらない需要があると見通せますが、さらに先を見越してみると、需要は確実に小さくなっていきます。特に日本は高齢者の数が一気に増えてきましたが、先々は一気に少なくなることがわかっています。

一方で障がい者は対象人口が顕著に増減する時期がありません。そして障がい者の数は緩やかですが少しずつ増加傾向にあります。内閣府(令和五年五月)によると国民のうち九・二%が障がい者で、大きく身体障がい、知的障がい、精神障がいの三種に区分されています。そのうちの約半数が精神障がいで約四割が身体、そのほかの一割ぐらいが知的という割合です。特に精神障がいの増加が顕著です。

それは医療や世の中の見立てが詳細になっていることが背景にあります。かつては「行動が少し変わっている」としか見られていなかった子が自閉症や発達障がいと診断されたり、「毎日気が晴れない」と病院で診察してみるとうつ病と診断されるケースが増加しているのです。うつ病のような精神疾患も含まれているため精神障がい者の数が上昇しており、五年前の統計では九百万人程度だった精神障がい者の数が直近のデータだと千百万人を超えています。そして精神障がい者が増えれば、その皆さんのための受け皿が確実に必要になってきます。

また同業者の競合という部分で見ても、障がい福祉の分野は有利な点があります。障がい福祉の事業者数は増加していています。一方で介護保険事業者と比較するとまだサービス内容が充実していないところが多く、かつ地域によっては事業所が足りていません。障がい福祉は、まだまだこれからです。利用者様のニーズを把握し、充実したサポートができる事業を提供し、供給の必要な地域に展開すれば、大きな可能性を秘めているのが障がい福祉業界なのだと確信しています。

多方面に広がる福祉事業の可能性

地域活性化にアプローチ

たとえばビジネス、市場という側面だけ見ても、やはり障がい福祉の分野には大きな期待感を持つことができます。

第3章の中で、弊社を創立して間もなく農福連携の事業で失敗してしまった事例を紹介しました。しかし、失敗の原因はわかっています。私はまったく諦めていませんし、失敗を生かし、今後もチャレンジしていくつもりです。

その一つとして、新たな事業をスタートさせます。三重県に紀北町という町があります。主宰の経営塾「恒星」の卒業生Yくんの地元です。そこは海も川も素晴らしくきれいで海産物も豊富ですが、過疎化が進んでいます。その町に障がい者雇用を生み出し、アウトドア施設などの管理を請け負うシステムを稼働する計画を進めています。

具体的にはビーチを貸し切りにし、バーベキューやサウナを備えたグランピング施設を用意したり、廃校になった小学校、中学校を宿泊施設に変えて、いろいろな体験ができる場所として活用し、その運営・管理を就労支援事業所が担うという事業です。地元の協力をいただきながら進めており、グランピングはこれからですが、廃校利用の体験施設とビーチの指定管理はすでに稼働しています。

また紀北町は豊富に魚が獲れて、しかも素晴らしく美味しいのです。しかし過疎地に多い漁師や市場の働き手不足のため「獲る人も売る人も少ないし、漁や売り場をなくそうか」という話さえ浮上している現状です。そうした状況から魚介類を買いに来るお客さんも、めっきり少なくなっています。

ならば弊社で設置する就労支援事業所で、アウトドア施設の運営管理だけでなく、魚介類の競りも請け負い、売買を担おう、というプロジェクトも進めています。成功すれば移住者の増加が期待でき「町を復活させたい」という地元のニーズと障がい者雇用に貢献することもできると考えています。

関わる人たちがall winになるように

紀北町の就労支援事業所立ち上げの際には「全国から移住しませんか?」というPRでクラウドファンディングを立ち上げる予定です。スタッフは事業所に常駐していただく必要があるので躊躇してしまう方が多いかもしれませんが、そこは私たちが半移住のような形で参加できる体制を整える予定ですが、私たちの仲間はすでに数名、半移住をスタートさせています。たとえば、週の半分は大阪にいて、週の半分は就労支援事業所のスタッフとして働く。そして、スタッフだけではなく、全国各地の就労支援事業所の利用者様が「施設外就労先」として、日替わりで働きにくる。そんな自由な働き方をしながら、静かな田舎でゆっくり自分を整えていけるようなシステムを構築していきたいと思っています。

地元では「魚が売れない」と嘆いていますが、質がよくて美味しい魚介にもかかわらずあり得ない安価で販売しているのです。そこで我々がブランディングや、ふるさと納税の民間版のようなイメージで販路の拡大をお手伝いする計画で、それを運営・販売するのが弊社と協働する就労支援事業所と利用者様です。

現地のスタッフや利用者様がグランピングの管理から、漁業者と協力して魚介類の競り、買い付け、入手した魚介類を現地で詰めてクール宅急便で発送のお手伝いを行う。私たちは魚介類をブランディングして販売サイトを作り、適正価格で売って差し上げる。その一連の作業を弊社がパッケージとして受託販売する。そうすれば漁業関係者の皆さん、ひいては町全体が活性化する。障がい者の利用者様も、たくさん生まれる仕事から自分に合った職種をピックアップできる。我々にも利益が生まれる。プロジェクトの核になるのは就労支援事業所の障がい者で、最終的に町の雇用と売上が上がり、all win を実現できる。農福連携の形を変え、過疎化の解消、町づくりに拡大させるプロジェクトとして、ぜひ成功させたいと準備しています。

制度の障壁を取り除く

角度や視点を変え、福祉という言葉の固定観念を外すことで、収益性を担保しながらも同時に社会貢献もできる事業になる可能性を秘めているのも、福祉事業の魅力だと思っています。

一方で、福祉の世界には、事業を立ち上げる人だけでなく、現場で懸命に頑張っておられる皆さんにとっても、とても高い壁が存在していることも痛感しています。

その大きなものの一つは、やはりスタッフが正当に評価されてない業界であることでしょう。現場で働く人たちも管理職も、低賃金で厳しい仕事に従事しています。福祉を取り巻くすべては国の事業です。国の方針一つで事業者もスタッフも収入が変わっていくわけです。

第3章で説明した報酬改定のあり方には、疑問を感じています。国は新事業をいい条件でスタートさせます。たとえば介護保険制度が始まった当初は、デイサービスの送迎を提供すると、一日約四千円の報酬が発生しました。事業者はその加算をあてにして事業を継続するわけですが、四千円だった報酬額が報酬改定後に一気に0円になってしまうなどということが珍しくありません。その事業一本で運営してきた企業は経営が立ち行かなくなってしまいます。

国としては「最初は市場参入の障壁を低くし、多くの事業者が集まってきたら競争原理を働かせる」という考えがあると思います。民営化された以上、確かにそれは正しい理屈だと思いますが、この状態は地域で踏ん張る小規模事業者を苦しめることになり、ひいては働く人たちの厳しい環境は避けられません。また事業者が苦しくなると、最終的に苦しくなるのは利用者様なのです。なぜなら環境改善や人的資源に投資する体力がなくなり、ようやく居場所になった事業者がなくなることになるからです。

ソーシャルアクションへの参加

私は少しでも、その現実を改善できるお手伝いをしたいと思っています。だからこそ他の法人や事業所では例のないような取り組み、福祉をエンタメや社会課題、ビジネスと上手く結び付けて、収益にもつなげながら持続可能な形の福祉、そして社会活動を作り上げていきたいのです。現在、歌丸和美代表の運営する認知症予防活動「ニヨ活」に参加し、啓発や予防、若手経営者にビジネスプランを助言させていただいたりする企画に関与しているのも、その活動の一環です。

その一方で、近年はソーシャルアクションにも参加するようになりました。ソーシャルアクションというのは福祉業界の言葉で、制度の創設や運営の改善を目指し、世論に働きかける活動のことです。

国の制度設計に関する分科会チームを見ると福祉事業者としての専門家が少ないこともあり、いかにも不備と思われるルールができてしまっても、結局それが全国の事業所に適用され、最終的には利用者様が、その影響を受けることになってしまいます。私は起業した頃から、いつの日か、そうした制度設計に現場からの意見を出せる立場になりたいと思っていました。

ただ、そうなるためには何をすべきかがわからなかったため、無謀にも一時は政治家になることを考えたこともありました。ただ、今の事業経営を行いながら同時進行できるほど器用ではありません。そこで自らが政治の世界に飛び込むのではなく、政治家の方と協力することで制度設計に関わっていくこともできるのではないかと考えました。そこで培ってきたマーケティングを生かし、地域や福祉への想いが強い大阪の議員さんの選挙活動に参謀として協力させていただくなどの関係も構築していきました。

そのように政治から変えていかなくてはならないと模索している最中、お声がけいただいたのが「全国介護事業者連盟」、略して「介事連」と呼ばれる一般社団法人です。全国にはサービスや法人種別ごとにたくさんの団体があり、それぞれが政府や地方にバラバラに要望しています。その声を業界全体が一団となることで強く届けるために結成されたという組織です。

実は起業後間もなくして、ある地域のコンサルタントが就労支援A型事業の開業セミナーを大阪で開催されることを知りました。その頃、就労支援A型は不正を指南する「ある地域」のコンサルタントが暗躍していたのを耳にしていました。私は「大阪にまで来て、そんなことをまさか指南するつもりでは！」と鼻息荒く、その人のセミナーに参加してみました。私はあえてマニアックで難解な質問をセミナーで投げかけたのですが、真摯に丁寧に答えていただきました。「あれ？　何だか違う。この人は想いもあり、本物だった」と考えを改めました。その日のうちに食事をご一緒させていただき、意気投合し、その後、仕事で協業させていただくこともありました。少し疎遠になった数年後、介事連の会長から電話がかかって来て「大阪でも障がい福祉業界に精通していて、しっかりした考えや事業内容、人脈を持っている人達で構成するグループを作ってほしい」という要請をいただきました。そのお声がけいただいた会長こそが前述のコンサルタントの人でした。私にすれば大いにありがたいお話で、ぜひやらせていただきますと伝えました。

介事連の活動の手応え

昨年、介事連大阪支部の設立総会を実施すると、およそ五百人もの方々にお越しいただきました。介事連はその四～五年ほど前から活動を開始しており「制度設計に影響をもたらす」「事業者のルールは事業者で決める」というコンセプトの下、民間の事業者が約五五〇〇社、約三万五〇〇〇事業所の加入があります。全国四十七都道府県すべてに介護事業部会があり、障がい事業部会は現時点で二十六設置しており、今年度中に四十七支部設立予定です。（令和六年現在）。

私は全国介護事業者連盟の障がい部会の大阪支部長及び、障がい部会の本部役員をさせていただくことになりました。

そのようなご縁の中でお話が巡り巡ってきた結果、加入した介事連は、厚労省の制度設計においても同業者と共に関与ができ、少しずつ意見が通るようになってきました。そうした意見を取り込んでいただけるようになり、複雑であった処遇改善交付金の事務手続きの一本化や物価高の高騰に対応するための補助金など、実績も積むことができるようになってきました。ソーシャルアクションを通じて、より福祉の現場に実効性がある制度設計に関わりたい。そう願っていたことが、ようやくできるようになりつつあります。

介事連は大阪万博で出展する予定です。現在ローソンのアバターの実証実験などに尽力されている大阪大学の石黒浩先生とタイアップして「介事連としての日本の介護」というテーマで出展するのですが、そうした最先端の技術、技術者の皆さんとも協力しながら、日本の福祉を大きな産業へと進化させ、世界に誇る事業にする……。そうした動きの一翼を担えるようになりたいと思っています。

おわりに～福祉業界に生きる幸せ

「ありがとう」のループ

ジャンルを問わず、何がビジネスの原点かというと、「感謝と感謝の相乗効果」だと思います。いいサービスや商品があってお客様が喜ぶ。お客様が喜ぶから、提供するほうは「もっといいものを作ろう」となる。そして、もっといいものは、また売れる。結局お互いの「ありがとう」と「ありがとう」のループがビジネスではないでしょうか。

福祉の事業ではなおさらです。利用者様やご家族が感謝してくださって「ありがとう」と言っていただくと、もちろんこちらも嬉しいですし、実際に数字に反映されます。数字が潤うからこそ、弊社に来られる業者様、直に利用者様と接する従業員のために、また還元ができる。それが福祉事業です。「ありがとう」のループをダイレクトに感じられることの仕事は、本当に「豊か」だと思うのです。利用者様とご家族、利用者様に関わる専門職との間に行き交う「ありがとう」が事業所から飛び出し、地域の皆さん、ひいては社会全体から「いいことしてるね」、「ありがとう」と言ってもらえる。しかも、お金をいただける仕事なのです。私はこれほどやりがいがある仕事は他にないとさえ思っています。

結果は必ず出せる

不遜な言い方かもしれませんが、やるべきことさえやっていれば、必ず数字としても結果を出せるのが福祉事業だというのが、偽らざる私の本音です。福祉事業は経営者としてもしっかり潤う事業なのです。せっかく志があって福祉事業を始める方が多いのに、成立していないケースが多いのは、ある意味、社会的な損失とさえ感じています。

もちろん、「やるべきことをやる」という点は不可欠ですが、福祉事業は社会的に弱い立場にありがちな人たちに光を当て、地域創生にまで貢献することができる可能性、それこそ日本の未来に横たわる大きな問題を解決していける力を持つ仕事だと確信しています。そしてそのノウハウは、これからを迎える世界の福祉に貢献していけるものだと確信しています。私は福祉の可能性を世界に広めていく先駆者になりたいと思いますし、その道を選択できている自分はすごく豊かな位置にいることを実感しています。

世の中には理不尽なことがあります。自由を無くした高齢者、意志や想いを伝えられない障がい者、生まれくる環境を選べない無力な子どもたち。彼らに落ち度があるのではなく、彼らに支援の手が届かない社会にこそ、「障害」があるのだと思っています。彼らが当たり前に笑って暮らせる社会であってほしい。その一念で懸命に支援を続ける福祉業界の人たちが、なぜ低収入で日々の生活に苦しまなければいけないのか、利用者様に最高のケアをしたいと願って立ち上げられた事業者がなぜ閉鎖に追い込まれなければならないのか。その理不尽に対して一石を、いや十石でも百石でも投じ続けていきたい。その想いを、本書で少しでも伝えることができたのであれば幸いです。

道半ばでの思い

私の自分の行動の原動力は何なのか。時折自問自答することがあります。一つだけではありませんが、「怒り」が含まれていることは確かです。物心ついた頃から、理不尽な出来事や正直者が馬鹿を見るようなことが許せませんでした。そして福祉の道を歩み始めてからは、私なりに認識した制度の不備や業界の欠点を補えるような独自に編み出したルール設計を、組織や社会に示してインパクトを与えることができればと思い続けています。

本書では幼少期から福祉の世界に至るまでの出会い、介護職、相談員、管理職を経て起業し、現在の活動に至るまで、そして、これから何をやっていきたいのかということまで、自分がやってきた、やっていることを、一部シェアさせていただいたつもりです。

私が思い描き続けている到達点まででは、まだまだ道半ば、いや、半ばにすら到達していません。ただ、こんな私みたいな者でも願い続け、動き続けたことで、自分が目指す到達点に向かうスタート地点ぐらいには来ていると、ようやく自覚できるようになりました。

先日、コロナ禍で開催することができなかった弊社の十周年及び本書の出版記念パーティーを開催させていただきました。そのようなパーティーを開催することは、ご参加いただく方にお時間を頂戴するなどご負担をおかけするので、これまでやってきませんでした。ですが、現在まで関わっていただいたすべての方へ感謝をお伝えしたいこと、これまで私に付いて来てくれた自慢のスタッフ達を外部の方々にお披露目したいという願いがありました。弊社スタッフ、グループ会社、関係機関、利用者様、ご家族、友人、そして退職した元幹部など、延べ五百名ほどの方にお越しいただき、感無量でした。そしてなんと当日になっても書籍の出版が間に合っておらず、出版記念ではなくなってしまったことも、笑って許してくださった皆様には、感謝に堪えません。大変お待たせいたしました。また、過去に例を見ないほど、私の原稿が遅く、多大なご迷惑をおかけしたにもかかわらず最後まで並走いただきました現代書林の浅尾様をはじめとする関係者の皆様、本書の取材に快諾いただいた皆様、そして発売が延期になってお待たせした皆様、本当にありがとうございました。こうして過去を振り返り、執筆させていただいていると、たくさんのご縁と人に支えていただいていることを実感します。改めて育ててくれた両親やすべての生のつながり、原点である家族に感謝の想いが溢れるばかりです。

不確かな時代に経営をするということは、大海原で航海するようです。また、経営者は孤独と表現されることもございます。

それでもお調子者の私は、やっぱり幼い頃から夢見てきた「ヒーロー」になりたいのでしょう。本当は怖くて仕方ない自分と、何者かにいつかはなりたい自分を共存させながら、自分が自分を誇りに思えるような、困っている人を見たら躊躇なく手を差し伸べることができるヒーローに。

おじいちゃんもおばあちゃんも、子どもも、障がいのある人も、ない人も、社員もその家族も友達も。私たちが掲げるミッションは「誰もが笑って暮らせる社会」を皆様と共に創っていくことです。

二〇二四年一〇月

株式会社インクルージョン　代表取締役　藤田　直

巻末資料
福祉事業別　収支計画シミュレーション

ここでは本書で紹介してきた弊社で運営している事業、また今後も高いニーズや、社会課題解決の一躍を担うことが見込まれる七つの障がい福祉事業の各事業の収支シミュレーションを紹介します。これらの事業は多種に渡る福祉事業、介護保険事業や他の障がい福祉事業に比べると少額の資金で始めることが可能です。かつ収益構造的にも比較的優れており、現在のところ各事業はまだまだ不足していることが特徴と言えます。

事業ごとに初期費用や運転資金、損益分岐点までの稼働率等、条件は様々に異なります。また同じ事業でも、事業を実施する物件の状態や地域差等々によって差異が生じます。そのため一概にこれらのシミュレーション通りになるとは限りません。詳細な条件を大幅に簡易化した資料であることをあらかじめご理解いただきつつ、各事業の基本的な収支計画として参考にしてください。なお、これらのシミュレーションは二〇二四年四月に報酬改定を迎えた新基準を踏まえた内容、および試算としています。

なお児童発達支援、放課後等デイサービスは地域によってはミックスで運営できる「多機能型」という事業形態がありますが、ここではそれぞれを単独で試算しています。また生活介護事業は利用者様の障がい区分によって収益が大きく異なります。そのため4・5と5・5の二種類の平均区分の場合で試算しています。

起業時の自己資金は二百万円程度、物件は賃貸物件であること、賞与は処遇改善交付金を除いた一カ月分の給与、役員報酬の設定は0円として、それぞれ想定しています。また人件費については大阪市内の平均的な額で条件を設定しています。

各事業の収益構造を知ることで、起業される際、新規事業として始める際、あるいは、すでに運営されている事業の収支見直し等のヒントとしていただければ幸いです。また、お読みいただく方の中に「立ち上げようとしている事業が、ここで紹介している事業に含まれていない」というケースがあるかもしれません。その際は本書にも書いている通り、まずは比較的立ち上げやすいこれらの事業を起業し、実績と共に資金や情報を積み上げ、ご希望の事業につなげていただければと思います。

	利用者数	施設・事業所数
	198,067	21,757
; は精神障害により行動上著しい困難を有する者であって常に介 食事の介護、外出時における移動支援、入院時の支援等を総合的	12,192	7,499
人が外出する時、必要な情報提供や介護を行う	25,332	5,678
ときに、危険を回避するために必要な支援、外出支援を行う	13,184	20,026
複数のサービスを包括的に行う	45	10
間、夜間も含めた施設で、入浴、排せつ、食事の介護等を行う	45,113	5,281
機能訓練、療養上の管理、看護、介護及び日常生活の世話を行う	21,010	258
せつ、食事の介等を行うとともに、創作的活動又は生産活動の	298,119	12,363
せつ、食事の介護等を行う	124,432	2,560
ため、定期的な居宅訪問や随時の対応により日常生活における	1,270	295
入浴、排せつ、食事の介護、日常生活上の援助を行う	168,318	12,400
一定期間、身体機能の維持、向上のために必要な訓練を行う	2,238	189
一定期間、生活能力の維持、向上のために必要な支援、訓練を行う	14,150	1,315
間、就労に必要な知識及び能力の向上のために必要な訓練を行う	35,415	2,977
就労の機会を提供するとともに、能力等の向上のために必要な訓	83,302	4,377
機会を提供するとともに、能力等の向上のために必要な訓練を行	323,786	16,068
の課題に対応するための支援を行う	15,191	1,530

いる。　2. 利用者数及び施設・事業所数は、令和５年１月サービス提供分（国保連データ）

令和５年９月８日　厚労省資料　障がい福祉分野の動向より抜粋

障がい者福祉事業一覧

				サービス内容
訪問系	介護給付	居宅介護	者 児	自宅で、入浴、排せつ、食事の介護等を行う
訪問系	介護給付	重度訪問介護	者	重度の肢体不自由者又は重度の知的障害若し 護を必要とする人に、自宅で、入浴、排せつ に行う
訪問系	介護給付	同行援護	者 児	視覚障害により、移動に著しい困難を有する
訪問系	介護給付	行動援護	者 児	自己判断能力が制限されている人が行動する
訪問系	介護給付	重度障害者等包括支援	者 児	介護の必要性がとても高い人に、居宅介護等
日中活動系	介護給付	短期入所	者 児	自宅で介護する人が病気の場合などに、短期
日中活動系	介護給付	療養介護	者	医療と常時介護を必要とする人に、医療機関
日中活動系	介護給付	生活介護	者	常に介護を必要とする人に、昼間、入浴、排 機会を提供する
施設系	介護給付	施設入所支援	者	施設に入所する人に、夜間や休日、入浴、排
居住支援系		自立生活援助	者	一人暮らしに必要な理解力・生活力等を補う 課題を把握し、必要な支援を行う
居住支援系		共同生活援助	者	夜間や休日、共同生活を行う住居で、相談、
訓練系・就労系	訓練等給付	自立訓練(機能訓練)	者	自立した日常生活又は社会生活ができるよう
訓練系・就労系	訓練等給付	自立訓練(生活訓練)	者	自立した日常生活又は社会生活ができるよう
訓練系・就労系	訓練等給付	就労移行支援	者	一般企業等への就労を希望する人に、一定期
訓練系・就労系	訓練等給付	就労継続支援(A型)	者	一般企業等での就労が困難な人に、雇用して 練を行う
訓練系・就労系	訓練等給付	就労継続支援(B型)	者	一般企業等での就労が困難な人に、就労する う
訓練系・就労系	訓練等給付	就労定着支援	者	一般就労に移行した人に、就労に伴う生活面

(注) 1. 表中の「者」は「障害者」、「児」は「障害児」であり、利用できるサービスにマークを付して

	利用者数	施設・事業所数
技能の付与、集団生活への訓練などの支援を行う	167,712	11,004
技能の付与、集団生活への訓練などの支援及び治療を行う	1,730	88
ンター等の施設に通わせ、生活能力向上のための必要な訓練、	309,961	19,638
児の居宅を訪問して発達支援を行う	336	115
障害児に対して、障害児以外の児童との集団生活への適応のため	15,649	1,512
日常生活の指導及び知識技能の付与を行う	1,320	180
障害児に対して、保護、日常生活の指導及び知識技能の付与並び	1,750	198
等利用計画案を作成 サービス等利用計画を作成 ング） 支給決定等に係る申請の勧奨	213,753	9,805
に利用計画案を作成 とともに利用計画を作成	71,609	6,045
の活動に関する相談、各障害福祉サービス事業所への同行支援	566	320
て生じた緊急事態等における相談、障害福祉サービス事業所等と	4,092	563

援区分によらず利用の要否を判断（支援区分を利用要件としていない）

いる。　2. 利用者数及び施設・事業所数は、令和５年１月サービス提供分（国保連データ）

令和５年９月８日　厚労省資料　障がい福祉分野の動向より抜粋

障がい児事業一覧

				サービス内容
障害児通所系	障害児支援に係る給付	児童発達支援	児	日常生活における基木的な動作の指導、知識
		医療型児童発達支援		日常生活における基本的な動作の指導、知識
		放課後等ディサービス	児	授業の終了後又は休校日に、児童発達支援セ 社会との交流促進などの支援を行う
障害児訪問系		居宅訪問型児童発達支援	児	重度の障害等により外出が著しく困難な障害
		保育所等訪問支援	児	保育所、乳児院・児童養護施設等を訪問し、 の専門的な支援などを行う
障害児入所系		福祉型障害児入所施設	児	施設に入所している障害児に対して、保護、
		医療型障害児入所施設	児	施設に入所又は指定医療機関に入院している に治療を行う
相談支援系	相談支援に係る給付	計画相談支援	者 児	【サービス利用支援】 ・サービス申請に係る支給決定前にサービス ・支給決定後、事業者等と連絡調整等を行い、 【継続利用支援】 ・サービス等の利用状況等の検証（モニタリ ・事業所等と連絡調整、必要に応じて新たな
		障害児相談支援	児	【障害児利用援助】 ・障害児通所支援の申請に係る給付決定の前 ・給付決定後、事業者等と連絡調整等を行う 【継続障害児支援利用援助】
		地域移行支援	者	住居の確保等、地域での生活に移行するため 等を行う
		地域定着支援	者	常時、連絡体制を確保し障害の特性に起因し 連絡調整など、緊急時の各種支援を行う

※障害児支援は、個別に利用の要否を判断（支援区分を認定する仕組みとなっていない） ※相談支援は、支

（注）1. 表中の「者」は「障害者」、「児」は「障害児」であり、利用できるサービスにマークを付して

共同生活援助

障がいのある方に対して、主に夜間において、共同生活を営む住居で相談、入浴、排せつまたは食事の介護、その他の日常生活上の援助を行います。

障がいのある方たちが施設から地域で暮らせる「地域移行」における住まいの場として、ますますニーズが高まっています。

共同生活援助事業　条件表(5人×2ユニット=10人定員 大阪市2級地　11.28地域)

初期費用	物件取得費・物件改修費・備品購入費・広告宣伝費等	¥6,500,000
運転資金	損益分岐点を超えるまでの費用	¥2,500,000
合計		¥9,000,000
収益推移	7カ月目に単月黒字化　21カ月目に累積黒字化	
利用者推移	開所から5カ月目に1ユニット満床、10か月目に2ユニット満床	
職員人件費	管理者兼サービス管理責任者（正職員）	¥300,000
	直接支援員（正職員：1名　非常勤：4名）	¥770,000
	2ユニット目追加時、上記に加え（非常勤4人を雇用）	¥520,000
その他条件	・障害支援区分、区分3：5人、区分4：5人とする	

共同生活援助 収支計画シミュレーション

	単位	1年目	2年目	3年目
利用者（期末）	人	**10**	**10**	**10**
サービス費	千円	9,259	13,888	13,888
	%	33.5	33.5	33.5
加算・助成金	千円	10,819	16,229	16,229
	%	39.1	39.1	39.1
利用者自己負担	千円	7,600	11,400	11,400
	%	27.5	27.5	27.5
収入合計	千円	**27,678**	**41,517**	**41,517**
人件費	千円	21,465	25,959	26,336
	%	77.6	62.5	63.4
設備費	千円	3,900	3,900	3,900
	%	14.1	9.4	9.4
一般費	千円	3,000	4,200	4,200
	%	10.8	10.1	10.1
支出合計	千円	**28,365**	**34,059**	**34,436**
	%	102.5	82.0	82.9
差引収支（営業利益）	千円	**-687**	**7,458**	**7,081**
	%	-2.5	18.0	17.1

就労継続支援A型

障がいや難病のある方が、雇用契約を結び一定の支援やサポートがある職場で働くことができる障害福祉サービスです。

直近の法改正で運営がより難しくなりましたが、生産活動収入がしっかり確保されていれば、報酬としても高く評価されるようになりました。

就労継続支援A型事業　条件表（20人定員　大阪市　2級地　10.91地域）

初期費用	物件取得費・物件改修費・備品購入費・広告宣伝費等	¥4,750,000
運転資金	損益分岐点を超えるまでの費用	¥7,000,000
合計		¥11,750,000
収益推移	9カ月目に単月黒字化　23カ月目に累積黒字化	
利用者推移	開所から10カ月目に20人として試算	
職員人件費	管理者兼サービス管理責任者（正職員）	¥300,000
	直接支援員（正職員：3名　非常勤：1名）	¥810,000
その他条件	・1年目：80点～105点のスコアを算定 ・2年目：105点～130点のスコアを算定 ・3年目：130点～150点のスコアを算定	

就労継続支援Ａ型 収支計画シミュレーション

	単位	1年目	2年目	3年目
利用者（期末）	人	**20**	**20**	**20**
サービス費（基本部分）	千円	17,445	34,877	36,710
	%	50.5	54.7	54.9
加算	千円	2,075	3,794	3,979
	%	6.0	5.9	5.9
利用者生産収入	千円	15,039	25,142	26,222
	%	43.5	39.4	39.2
特開金	千円	0	0	0
	%	0.0	0.0	0.0
売上高計	千円	**34,560**	**63,813**	**66,911**
利用者生産原価	千円	0	0	0
	%	0.0	0.0	0.0
収入合計	千円	**34,560**	**63,813**	**66,911**
	%	100.0	100.0	100.0
人件費	千円	32,951	43,271	44,573
	%	95.3	67.8	66.6
設備費	千円	4,600	4,600	4,600
	%	13.3	7.2	6.9
一般費	千円	744	744	744
	%	2.2	1.2	1.1
支出合計	千円	**38,295**	**48,615**	**49,917**
	%	110.8	76.2	74.6
差引収支（営業利益）	千円	**-3,735**	**15,198**	**16,995**
	%	-10.8	23.8	25.4

就労継続支援B型

障がいや年齢、体力などの理由から、一般企業などで雇用契約を結んで働くことが困難な方に対して、就労機会や生産活動の場を提供するサービスになります。

毎年事業所数は増加し、他所との差別化は必要ですが、高い収益構造は魅力です。生産活動を高め、いかに工賃を引き上げることができるかが運営の鍵となります。

就労継続支援B型事業　条件表（20人定員　大阪市　2級地　10.91地域）

初期費用	物件取得費・物件改修費・備品購入費・広告宣伝費等	¥7,750,000
運転資金	損益分岐点を超えるまでの費用	¥4,000,000
合計		¥11,750,000
収益推移	8カ月目に単月黒字化　33カ月目に累積黒字化	
利用者推移	開所から10カ月目に20人として試算	
職員人件費	管理者兼サービス管理責任者（正職員）	¥300,000
	直接支援員（正職員：4名　非常勤：1名）	¥1,160,000
その他条件	・1年目：1万円未満の報酬を算定 ・2年目：1万5千円以上2万円未満の報酬を算定 ・3年目：2万円以上2万5千円未満の報酬を算定	

就労継続支援B型 収支計画シミュレーション

	単位	1年目	2年目	3年目
利用者（期末）	人	**20**	**20**	**20**
サービス費（基本部分）	千円	19,311	36,815	38,019
	%	79.4	79.0	77.4
加算	千円	3,675	6,190	6,299
	%	15.1	13.3	12.8
利用者生産収入	千円	1,350	3,600	4,800
	%	5.5	7.7	9.8
売上高計	千円	**24,336**	**46,604**	**49,118**
利用者生産原価		0	0	0
	%	0.0	0.0	0.0
収入合計	千円	**24,336**	**46,604**	**49,118**
	%	100.0	100.0	100.0
人件費	千円	24,821	27,575	29,291
	%	102.0	59.2	59.6
設備費	千円	4,500	4,500	4,500
	%	18.5	9.7	9.2
一般費	千円	1,344	1,344	1,344
	%	5.5	2.9	2.7
支出合計	千円	**30,665**	**33,419**	**35,135**
	%	126.0	71.7	71.5
差引収支（営業利益）	千円	**-6,329**	**13,186**	**13,983**
		-26.0	28.3	28.5

生活介護（平均区分 4.5）

生活介護を利用できる対象者は、区分３以上（50 歳以上は区分２以上）で、常時介護等の支援が必要な方になります。

送迎のための車両や入浴設備を導入することが望ましいです。利用者様やご家族の生きがいに、いかに寄り添って支援できるかが重要です。

生活介護事業（平均区分 4.5）条件表（20 人定員 大阪市２級地 10.98 地域）

初期費用	物件取得費・物件改修費・備品購入費・広告宣伝費等	¥8,000,000
運転資金	損益分岐点を超えるまでの費用	¥7,000,000
合計		¥15,000,000
収益推移	10カ月目に単月黒字化　37カ月目に累積黒字化	
利用者推移	開所から10カ月目に20人として試算	
職員人件費	管理者兼サービス管理責任者（正職員）	¥300,000
	直接支援員（正職員：4名　非常勤：1名）	¥1,070,000
その他条件	・サービス提供時間を６時間以上７時間未満とする	

大阪市 生活介護（4.5）収支計画シミュレーション

	単位	1年目	2年目	3年目
利用者（期末）	人	**20**	**20**	**20**
サービス費	千円	25,621	41,979	41,979
	%	85.4	86.5	86.5
加算・助成金	千円	4,364	6,529	6,529
	%	14.6	13.5	13.5
利用者生産収入	千円	0	0	0
	%	0.0	0.0	0.0
収入合計	千円	**29,985**	**48,507**	**48,507**
利用者生産原価	千円	0	0	0
	%	0.0	0.0	0.0
利用者工賃	千円	0	0	0
	%	0.0	0.0	0.0
人件費	千円	29,934	30,683	31,450
	%	99.8	63.3	64.8
設備費	千円	6,120	6,120	6,120
	%	20.4	12.6	12.6
一般費	千円	1,464	1,464	1,464
	%	4.9	3.0	3.0
支出合計	千円	**37,518**	**38,267**	**39,034**
	%	125.1	78.9	80.5
差引利益（営業利益）	千円	**-7,533**	**10,241**	**9,474**
	%	-25.1	21.1	19.5

生活介護（平均区分 5.5）

前項目と同じですが、重い障がいの方が住み慣れた地域で生活できるよう支えることができるかが肝心な事業になります。

年々増加する障がい者数とともに、より重度障がい者の利用ニーズが高まっています。

支援するスキルにより高い専門性が求められる一方、区分の高い方の利用は、より高い報酬が設定されています。

生活介護事業（平均区分 5.5）条件表（20 人定員 大阪市 2 級地 10.98 地域）

初期費用	物件取得費・物件改修費・備品購入費・広告宣伝費等	¥8,000,000
運転資金	損益分岐点を超えるまでの費用	¥7,000,000
合計		¥15,000,000
収益推移	8カ月目に単月黒字化　20カ月目に累積黒字化	
利用者推移	開所から10カ月目に20人として試算	
職員人件費	管理者兼サービス管理責任者（正職員）	¥300,000
	直接支援員（正職員：7名　非常勤：1名）	¥1,980,000
その他条件	・サービス提供時間を６時間以上７時間未満とする	

大阪市 生活介護（5.5）収支計画シミュレーション

	単位	1年目	2年目	3年目
利用者（期末）	人	**20**	**20**	**20**
サービス費	千円	40,792	57,948	57,948
	%	88.0	88.1	88.1
加算・助成金	千円	5,577	7,806	7,806
	%	12.0	11.9	11.9
利用者生産収入	千円	0	0	0
	%	0.0	0.0	0.0
収入合計	千円	**46,370**	**65,754**	**65,754**
利用者生産原価	千円	0	0	0
	%	0.0	0.0	0.0
利用者工賃	千円	0	0	0
	%	0.0	0.0	0.0
人件費	千円	38,294	39,251	40,233
	%	82.6	59.7	61.2
設備費	千円	6,120	6,120	6,120
	%	13.2	9.3	9.3
一般費	千円	1,464	1,464	1,464
	%	3.2	2.2	2.2
支出合計	千円	**45,878**	**46,835**	**47,817**
	%	98.9	71.2	72.7
差引利益（営業利益）	千円	**492**	**18,919**	**17,938**
	%	1.1	28.8	27.3

児童発達支援

障がいがあるもしくは発達が気になる未就学のお子様に対して、日常生活スキルの習得や集団生活への適応などの支援を行う通所型のサービスになります。

就学前の児童への支援が目的で、高い専門性が必要でサービス受給期間が短いといった難点はありつつ、高い報酬単価が魅力です。

児童発達支援事業条件表（10 人定員　大阪市　2 級地　10.96 地域）

初期費用	物件取得費・物件改修費・備品購入費・広告宣伝費等	¥7,750,000
運転資金	損益分岐点を超えるまでの費用	¥6,000,000
合計		¥13,750,000
収益推移	5カ月目に単月黒字化　16カ月目に累積黒字化	
利用者推移	開所から5カ月目に10人として試算	
職員人件費	管理者兼児童発達支援管理責任者（正職員）	¥300,000
	保育士・児童指導員（正職員：5名　非常勤：1名）	¥1,250,000
	運転手（非常勤：1名）	¥80,000
その他条件	・利用者の支援時間区分を区分2（1時間30分超～3時間以下）とする	

児童発達支援 収支計画シミュレーション

	単位	1年目	2年目	3年目
基本報酬	千円	23,393	28,072	28,072
	%	58.8	58.8	58.8
加算	千円	16,406	19,687	19,687
	%	41.2	41.2	41.2
収入合計	千円	**39,799**	**47,758**	**47,758**
人件費	千円	22,974	23,516	24,071
	%	57.7	49.2	50.4
設備費	千円	4,940	4,940	4,940
	%	12.4	10.3	10.3
一般費	千円	1,704	1,704	1,704
	%	4.3	3.6	3.6
支出合計	千円	**29,618**	**30,160**	**30,715**
	%	74.4	63.2	64.3
差引利益（営業利益）	千円	**10,180**	**17,599**	**17,044**
	%	25.6	36.8	35.7

放課後等デイサービス

支援を必要とする就学児童で、障がいのあるお子様や発達に特性のあるお子様が放課後や長期休暇に利用できる福祉サービスです。

「五領域支援」が必須となり、保護者支援にも手厚い事業者が評価されるなど、幅広い支援が必要となりました。

放課後等デイサービス事業条件表（10人定員　大阪市　2級地　10.96地域）

初期費用	物件取得費・物件改修費・備品購入費・広告宣伝費等	¥7,750,000
運転資金	損益分岐点を超えるまでの費用	¥6,000,000
合計		¥13,750,000
収益推移	6カ月目に単月黒字化　23カ月目に累積黒字化	
利用者推移	開所から5カ月目に10人として試算	
職員人件費	管理者兼児童発達支援管理責任者（正職員）	¥300,000
	保育士・児童指導員（正職員：4名　非常勤：1名）	¥1,160,000
	運転手（非常勤：1名）	¥80,000
その他条件	・利用者の支援時間区分を 平日：区分2（1時間30分超～3時間以下）とする 土曜日・長期休暇：区分3（3時間超～5時間以下）とする	

放課後等デイサービス 収支計画シミュレーション

	単位	1年目	2年目	3年目
基本報酬	千円	16,073	18,722	18,722
		46.3	45.9	45.9
加算	千円	18,649	22,070	22,070
		53.7	54.1	54.1
収入合計	千円	**34,722**	**40,792**	**40,792**
人件費	千円	21,891	22,408	22,938
	%	63.0	54.9	56.2
設備費	千円	4,940	4,940	4,940
	%	14.2	12.1	12.1
一般費	千円	1,704	1,704	1,704
	%	4.9	4.2	4.2
支出合計	千円	**28,535**	**29,052**	**29,582**
	%	82.2	71.2	72.5
差引収支（営業利益）	千円	**6,187**	**11,740**	**11,210**
	%	17.8	28.8	27.5

本書著者・藤田直をもっと知りたい方へ

株式会社インクルージョン　公式サイト

インクルージョングループ　URL
https://inclusionosaka.com

「誰もが笑って暮らせる社会を創る」を理念に、挑戦する人を応援し、誰もが自分らしく働ける職場を目指しています。

藤田直　公式 TikTok

福祉事業経営においての「やり方」、また考え方や価値観などの「あり方」をショート動画にて語っています。

@fujita_inclusion
藤田社長/障がい福祉の経営者

著者プロフィール

藤田 直（ふじた・なおき）

インクルージョングループ代表取締役兼会長。一般社団法人全国介護事業者連盟障害福祉事業部会本部役員。大阪府支部支部長。社会福祉士。介護支援専門員。1979 年大阪生まれ。

介護職員、相談員、介護支援専門員、高齢者入居施設の施設長、生活支援員など、福祉の現場で経験を積む。2013 年株式会社インクルージョンを設立、代表取締役に就任。社会福祉法人、NPO 法人、一般社団法人など複数の法人の理事を兼務。

自社にて障がい児・者支援事業、保育園、介護事業等の福祉事業を行いながら、高齢、保育、障がい児・者事業等の福祉全般の経営コンサルティングを 10 年間で 500 件以上を手掛ける。特に事業開業からその後の利用者数アップや職員の定着などの支援を得意とし、公的機関や民間機関等での講演を多数開催。

著書『ストーリーで学ぶ 介護事業共感マーケティング（幻冬舎）』では、amazon カテゴリー別 3 部門、紀伊國屋書店梅田本店などで 1 位を達成。

2018 年、起業家向け経営塾「恒星」を開設。

現在第 7 期目にして、福祉、医療、飲食、物販、美容、不動産業など卒業生を輩出し、起業家育成の劇的な効果を上げている。

「誰もが笑って暮らせる社会を創る」ことを理念として掲げ、「選ばれるサービス」を提供することで、利用者と経営者、現場職員が共に喜びを得られることをモットーとしている。

株式会社インクルージョン
https://inclusionosaka.com

福祉《ふくし》事業《じぎょう》を安定《あんてい》に導《みちび》く利用者《りようしゃ》と人材《じんざい》の集《あつ》め方《かた》

2024年12月16日　初版第1刷

著　者……………………… 藤《ふじ》田《た》直《なおき》
発行者……………………… 松島一樹
発行所……………………… 現代書林
〒162-0053　東京都新宿区原町3-61　桂ビル
TEL／代表 03(3205)8384
振替／00140-7-42905
http://www.gendaishorin.co.jp/
ブックデザイン・図版… 岩泉卓屋（IZUMIYA）、株式会社グラシア
編集協力………………… 桑田篤（株式会社グラシア）

印刷・製本：(株) シナノパブリッシングプレス
乱丁・落丁本はお取り替えいたします

定価はカバーに
表示してあります

ISBN978-4-7745-2012-4 C2034